# Delicias de la India

## Un Viaje Culinario a la Autenticidad

Anaya Patel

# Contenido

# Murgh Bagan-e-Bahar

*(Muslos de Pollo a la Parrilla)*

**Para 4 personas**

## Ingredientes

Sal al gusto

1 ½ cucharaditas de pasta de jengibre

1 ½ cucharaditas de pasta de ajo

1 cucharadita de garam masala

8 muslos de pollo

30 g de hojas de menta, finamente picadas

2 cucharadas de semillas de granada secas

50 g de yogur

1 cucharadita de pimienta negra molida

Jugo de 1 limón

Chaat Masala*probar

**método**

- Mezcle sal, pasta de jengibre, pasta de ajo y garam masala. Hacer cortes en las baquetas y marinarlas en esta mezcla durante 1 hora.

- Muele el resto de los ingredientes excepto el chaat masala.

- Mezclar la mezcla molida con el pollo y dejar reposar por 4 horas.

- Asa el pollo durante 30 minutos. Espolvorea el chaat masala. Atender.

# pollo en mantequilla

**Para 4 personas**

## Ingredientes

1 kg de pollo, cortado en 12 trozos

Sal al gusto

1 cucharadita de cúrcuma

Jugo de 1 limón

4 cucharadas de mantequilla

3 cebollas grandes, finamente picadas

1 cucharadita de pasta de jengibre

1 cucharadita de pasta de ajo

1 cucharada de cilantro molido

4 tomates grandes, puré

125 g de yogur

**método**

- Marina el pollo en sal, cúrcuma y jugo de limón durante una hora.

- Calienta la mantequilla en una olla. Agrega la cebolla y sofríe hasta que esté transparente.

- Agrega la pasta de jengibre, la pasta de ajo y el cilantro molido. Freír a fuego medio durante 5 minutos.

- Agrega el pollo marinado. Freír durante 5 minutos. Agrega el puré de tomate y el yogur. Cubra con una tapa y cocine a fuego lento durante 35 minutos. Servir caliente.

# Pollo Sukha

*(Pollo seco)*

**Para 4 personas**

## Ingredientes

2 cucharadas de aceite vegetal refinado

4 cebollas grandes, finamente picadas

1 kg de pollo, cortado en 12 trozos

4 tomates, finamente picados

1 cucharadita de cúrcuma

2 chiles verdes, rebanados

8 dientes de ajo machacados

Raíz de jengibre rallada, de 5 cm de largo

2 cucharadas de garam masala

2 cubitos de caldo de pollo

Sal al gusto

50 g de hojas de cilantro picadas

**método**

- Calienta el aceite en una olla. Freír la cebolla a fuego medio hasta que se dore. Agrega el resto de los ingredientes excepto las hojas de cilantro.

- Mezcle bien y cocine a fuego lento durante 40 minutos, revolviendo ocasionalmente.

- Adorne con hojas de cilantro. Servir caliente.

# Pollo Asado Indio

**Para 4 personas**

## Ingredientes

1 kilo de pollo

1 cucharada de jugo de limón

Sal al gusto

2 cebollas grandes

Raíz de jengibre de 2,5 cm de largo

4 dientes de ajo

3 dientes

3 vainas de cardamomo verde

5 cm/2 pulgadas de canela

4 cucharadas de aceite vegetal refinado

200 g de pan rallado

2 manzanas, picadas

4 huevos duros, picados

# **método**

- Marina el pollo en jugo de limón y sal durante 1 hora.

- Muele la cebolla, el jengibre, el ajo, el clavo, el cardamomo y la canela con suficiente agua hasta formar una pasta suave.

- Calienta el aceite en una olla. Agrega la pasta y sofríe a fuego lento durante 7 minutos. Agrega el pan rallado, las manzanas y la sal. Cocine durante 3-4 minutos.

- Rellena el pollo con esta mezcla y hornéalo en un horno precalentado a 230°C (450°F, marca de gas 8) durante 40 minutos. Decorar con huevos. Servir caliente.

# Un bocadillo picante

**Para 4 personas**

## Ingredientes

3 cucharadas de aceite vegetal refinado

750 g/1 libra de salchichas de pollo de 10 oz, en rodajas

4 pimientos verdes, cortados en juliana

1 cucharadita de chile en polvo

2 cucharaditas de comino molido

10 dientes de ajo, finamente picados

3 tomates cortados en cuartos

4 cucharadas de agua fría

½ cucharadita de pimienta recién molida

Sal al gusto

4 huevos, ligeramente batidos

## método

- Calienta el aceite en una olla. Agrega las salchichas y sofríe a fuego medio hasta que se doren. Agregue todos los ingredientes restantes excepto los huevos. Mezclar bien. Cocine a fuego lento durante 8-10 minutos.

- Agregue suavemente los huevos y mezcle hasta que se acaben los huevos. Servir caliente.

# Pollo Al Curry Con Coco Seco

**Para 4 personas**

## Ingredientes

1 kg de pollo, cortado en 12 trozos

Sal al gusto

Jugo de medio limón

1 cebolla grande, cortada en rodajas

4 cucharadas de hojuelas de coco

1 cucharadita de cúrcuma

8 dientes de ajo

Raíz de jengibre de 2,5 cm de largo

½ cucharadita de semillas de hinojo

1 cucharadita de garam masala

1 cucharadita de semillas de amapola

4 cucharadas de aceite vegetal refinado

500ml/16oz de agua

**método**

- Marina el pollo en sal y jugo de limón durante 30 minutos.

- Sofreír en seco la cebolla y el coco durante 5 minutos.

- Mezclar con todos los ingredientes restantes excepto el aceite y el agua. Muele con suficiente agua para hacer una pasta suave.

- Calienta el aceite en una olla. Agrega la pasta y sofríe a fuego lento durante 7-8 minutos. Agrega el pollo y el agua. Guisar durante 40 minutos. Servir caliente.

# pollo sencillo

**Para 4 personas**

## Ingredientes

1 kg de pollo, cortado en 8 trozos

Sal al gusto

1 cucharadita de chile en polvo

½ cucharadita de cúrcuma

3 cucharadas de aceite vegetal refinado

2 cebollas grandes, finamente picadas

1 cucharadita de pasta de jengibre

1 cucharadita de pasta de ajo

4-5 chiles rojos enteros, sin semillas

4 tomates pequeños, finamente picados

1 cucharada de garam masala

250ml/8oz de agua

**método**

- Marina el pollo con sal, chile en polvo y cúrcuma durante 1 hora.

- Calienta el aceite en una olla. Agrega la cebolla y sofríe a fuego medio hasta que esté dorada. Agrega la pasta de jengibre y la pasta de ajo. Freír por 1 minuto.

- Agregue el pollo marinado y los ingredientes restantes. Mezclar bien. Cubra con una tapa y cocine a fuego lento durante 40 minutos. Servir caliente.

# Pollo al curry sureño

**Para 4 personas**

## Ingredientes

1 cucharadita de pasta de jengibre

1 cucharadita de pasta de ajo

2 chiles verdes, finamente picados

1 cucharadita de jugo de limón

Sal al gusto

1 kg de pollo, cortado en 10 trozos

3 cucharadas de aceite vegetal refinado

canela 2,5 cm

3 vainas de cardamomo verde

3 dientes

1 anís estrellado

2 hojas de laurel

3 cebollas grandes, finamente picadas

½ cucharadita de chile en polvo

½ cucharadita de cúrcuma

1 cucharada de cilantro molido

250ml/8oz de leche de coco

## Para el condimento:

½ cucharadita de semillas de mostaza

8 hojas de curry

3 chiles rojos secos enteros

## método

- Mezcle la pasta de jengibre, la pasta de ajo, los chiles verdes, el jugo de limón y la sal. Marina el pollo en esta mezcla durante 30 minutos.

- Calienta la mitad del aceite en una olla. Agrega canela, cardamomo, clavo, anís y hojas de laurel. Déjalos balbucear durante 30 segundos.

- Agrega la cebolla y sofríela a fuego medio hasta que se dore.

- Agregue el pollo marinado, el chile en polvo, la cúrcuma y el cilantro molido. Mezclar bien y cubrir con una tapa. Cocine a fuego lento durante 20 minutos.

- Agrega la leche de coco. Mezcla bien y cocina por otros 10 minutos, revolviendo frecuentemente. Poner a un lado.

- Calienta el aceite restante en una olla pequeña. Agregue los ingredientes del condimento. Déjalos balbucear durante 30 segundos.

- Vierta esta especia en el pollo al curry. Mezclar bien y servir caliente.

# Gulash de pollo en leche de coco

**Para 4 personas**

## Ingredientes

2 cucharadas de aceite vegetal refinado

2 cebollas, cortadas en 8 trozos cada una

1 cucharadita de pasta de jengibre

1 cucharadita de pasta de ajo

3 chiles verdes, cortados a lo largo

2 cucharadas de garam masala

8 muslos de pollo

750 ml/1¼ litro de leche de coco

200 g/7 oz de vegetales mixtos congelados

Sal al gusto

2 cucharaditas de harina de arroz disueltas en 120 ml de agua

**método**

- Calienta el aceite en una olla. Agregue la cebolla, la pasta de jengibre, la pasta de ajo, los chiles verdes y el garam masala. Freír durante 5 minutos, revolviendo constantemente.

- Agrega las baquetas y la leche de coco. Mezclar bien. Guisar durante 20 minutos.

- Agrega las verduras y la sal. Mezclar bien y cocinar por 15 minutos.

- Agrega la mezcla de harina de arroz. Cocine durante 5-10 minutos y sirva caliente.

# Chandi Tikka

*(Trozos de pollo frito empanizados en avena)*

**Para 4 personas**

## Ingredientes

1 cucharada de jugo de limón

1 cucharadita de pasta de jengibre

1 cucharadita de pasta de ajo

75 g/2½ oz de queso cheddar

200 g de yogur

¾ cucharadita de pimienta blanca molida

1 cucharadita de semillas de comino negro

Sal al gusto

4 pechugas de pollo

1 huevo batido

45 g/1½ oz de copos de avena

**método**

- Mezclar todos los ingredientes excepto la pechuga de pollo, el huevo y la avena. Marina el pollo en esta mezcla durante 3-4 horas.

- Sumerja las pechugas de pollo marinadas en el huevo, espolvoree con avena y cocine a la parrilla durante una hora, volteándolas de vez en cuando. Servir caliente.

# Pollo tandoori

**Para 4 personas**

## Ingredientes

1 cucharada de jugo de limón

2 cucharaditas de pasta de jengibre

2 cucharaditas de pasta de ajo

2 chiles verdes, finamente rallados

1 cucharada de hojas de cilantro, molidas

1 cucharadita de chile en polvo

1 cucharada de garam masala

1 cucharada de papaya cruda molida

½ cucharadita de colorante alimentario naranja

1 ½ cucharadas de aceite vegetal refinado

Sal al gusto

1 kg/2 ¼ lb de pollo entero

**método**

- Mezclar todos los ingredientes excepto el pollo. Haz cortes en el pollo y déjalo marinar en esta mezcla durante 6-8 horas.

- Hornea el pollo en un horno precalentado a 200 °C (400 °F, marca de gas 6) durante 40 minutos. Servir caliente.

# Murgha Lajawaba

*(Pollo cocinado con ricas especias indias)*

**Para 4 personas**

## Ingredientes

1 kg de pollo cortado en 8 trozos 1 cucharadita de pasta de jengibre

1 cucharadita de pasta de ajo

4 cucharadas de ghee

2 cucharadas de semillas de amapola, molidas

1 cucharadita de semillas de melón*, suelo

6 almendras

3 vainas de cardamomo verde

¼ cucharadita de nuez moscada molida

1 cucharadita de garam masala

2 piezas de maza

Sal al gusto

750 ml/1¼ litro de leche

6 hebras de azafrán

**método**

- Marina el pollo con pasta de jengibre y pasta de ajo durante una hora.

- Calienta ghee en una olla y fríe el pollo marinado durante 10 minutos a fuego medio.

- Agrega todos los ingredientes restantes excepto la leche y el azafrán. Mezclar bien, tapar y cocinar a fuego lento durante 20 minutos.

- Agrega la leche y el azafrán y cocina a fuego lento durante 10 minutos. Servir caliente.

# pollo lahori

*(Pollo de la frontera noroeste)*

**Para 4 personas**

## Ingredientes

50 g de yogur

1 cucharadita de pasta de jengibre

1 cucharadita de pasta de ajo

1 cucharadita de chile en polvo

½ cucharadita de cúrcuma

1 kg de pollo, cortado en 12 trozos

4 cucharadas de aceite vegetal refinado

2 cebollas grandes, finamente picadas

1 cucharadita de semillas de sésamo, molidas

1 cucharadita de semillas de amapola, molidas

10 anacardos, molidos

2 pimientos verdes grandes, sin semillas y finamente picados

500ml/16oz de leche de coco

Sal al gusto

**método**

- Mezcle yogur, pasta de jengibre, pasta de ajo, chile en polvo y cúrcuma. Marina el pollo en esta mezcla durante 1 hora.

- Calienta el aceite en una olla. Freír la cebolla a fuego lento hasta que se dore.

- Agrega el pollo marinado. Freír durante 7-8 minutos. Agregue todos los ingredientes restantes y cocine por 30 minutos, revolviendo ocasionalmente. Servir caliente.

# Higado de pollo

**Para 4 personas**

## Ingredientes

3 cucharadas de aceite vegetal refinado

2 cebollas grandes, finamente picadas

5 dientes de ajo, picados

8 hígados de pollo

1 cucharadita de pimienta negra molida

1 cucharadita de jugo de limón

Sal al gusto

## método

- Calienta el aceite en una olla. Agrega la cebolla y el ajo. Freír a fuego medio durante 3-4 minutos.

- Agrega todos los ingredientes restantes. Freír durante 15-20 minutos, revolviendo de vez en cuando. Servir caliente.

# Pollo Báltico

**Para 4 personas**

## Ingredientes

4 cucharadas de ghee

1 cucharadita de cúrcuma

1 cucharada de semillas de mostaza

1 cucharada de semillas de comino

8 dientes de ajo, finamente picados

Raíz de jengibre, de 2,5 cm de largo, finamente picada

3 cebollas pequeñas, finamente picadas

7 chiles verdes

750 g/1 libra 10 oz de pechuga de pollo, picada

1 cucharada de cilantro molido

1 cucharada de nata líquida

1 cucharadita de garam masala

Sal al gusto

**método**

- Calienta el ghee en una olla. Agrega la cúrcuma, las semillas de mostaza y el comino. Déjalos balbucear durante 30 segundos. Agrega el ajo, el jengibre, la cebolla y los chiles verdes y sofríe a fuego medio durante 2-3 minutos.

- Agrega todos los ingredientes restantes. Cocine a fuego lento durante 30 minutos, revolviendo ocasionalmente. Servir caliente.

# Pollo picante

**Para 4 personas**

## Ingredientes

8 muslos de pollo

2 cucharaditas de salsa de chile verde

2 cucharadas de aceite vegetal refinado

2 cebollas grandes, finamente picadas

10 dientes de ajo, finamente picados

Sal al gusto

una pizca de azúcar

2 cucharaditas de vinagre de malta

**método**

- Marina el pollo en la salsa de chile durante 30 minutos.

- Calienta el aceite en una olla. Agrega la cebolla y sofríe a fuego medio hasta que esté transparente.

- Agrega el ajo, el pollo marinado y la sal. Mezcle bien y cocine a fuego lento durante 30 minutos, revolviendo ocasionalmente.

- Agrega el azúcar y el vinagre. Mezclar bien y servir caliente.

# Pollo Dilruba

*(Pollo en rica salsa)*

**Para 4 personas**

## Ingredientes

5 cucharadas de aceite vegetal refinado

20 almendras molidas

20 anacardos, molidos

2 cebollas pequeñas, picadas

Raíz de jengibre rallada, de 5 cm de largo

1 kg de pollo, cortado en 8 trozos

200 g de yogur

240ml/6oz de leche

1 cucharadita de garam masala

½ cucharadita de cúrcuma

1 cucharadita de chile en polvo

Sal al gusto

1 pizca de azafrán remojada en 1 cucharada de leche

2 cucharadas de hojas de cilantro picadas

**método**

- Calienta el aceite en una olla. Agrega las almendras, los anacardos, la cebolla y el jengibre. Freír a fuego medio durante 3 minutos.

- Agrega el pollo y el yogur. Mezclar bien y cocinar a fuego medio durante 20 minutos.

- Agrega la leche, el garam masala, la cúrcuma, el chile en polvo y la sal. Mezclar bien. Cubrir con una tapa y cocinar a fuego lento durante 20 minutos.

- Adorne con hojas de azafrán y cilantro. Servir caliente.

# Alas de pollo fritas

**Para 4 personas**

## Ingredientes

¼ de cucharadita de cúrcuma

1 cucharadita de garam masala

1 cucharadita de chaat masala[*]

Sal al gusto

1 huevo batido

Aceite vegetal refinado para freír

12 alitas de pollo

## método

- Mezcle la cúrcuma, el garam masala, el chaat masala, la sal y el huevo hasta obtener una masa suave.

- Calienta el aceite en el sarten. Sumerge las alitas de pollo en la masa y fríelas a fuego medio hasta que estén doradas.

- Escurrir sobre papel absorbente y servir caliente.

# Murgh Mussalam

*(Pollo relleno)*

**Para 6**

## Ingredientes

2 cucharadas de ghee

2 cebollas grandes, ralladas

4 vainas de cardamomo negro, molidas

1 cucharadita de semillas de amapola

50 g/1¾ oz de coco seco

1 cucharadita de macis

1 kilo de pollo

4-5 cucharadas de besan*

2-3 hojas de laurel

6-7 vainas de cardamomo verde

3 cucharaditas de pasta de ajo

200 g de yogur

Sal al gusto

**método**

- Calienta ½ cucharada de ghee en una olla. Agrega la cebolla y sofríe hasta que se dore.

- Agrega cardamomo, semillas de amapola, coco y nuez moscada. Freír durante 3 minutos.

- Rellena el pollo con esta mezcla y cose la abertura. Poner a un lado.

- Calienta el ghee restante en una olla. Agregue todos los ingredientes restantes y el pollo. Cocine a fuego lento durante 1,5 horas, revolviendo ocasionalmente. Servir caliente.

# delicia de pollo

**Para 4 personas**

## Ingredientes

4 cucharadas de aceite vegetal refinado

5 cm/2 pulgadas de canela molida

1 cucharada de cardamomo molido

8 clavos molidos

½ cucharadita de nuez moscada rallada

2 cebollas grandes, picadas

10 dientes de ajo machacados

Raíz de jengibre rallada, 2,5 cm de largo

Sal al gusto

1 kg de pollo, cortado en 8 trozos


200 g de yogur

300 g/10 oz de puré de tomate

**método**

- Calienta el aceite en una olla. Agrega canela, cardamomo, clavo, nuez moscada, cebolla, ajo y jengibre. Freír a fuego medio durante 5 minutos.

- Agrega sal, pollo, yogur y puré de tomate. Mezcle bien y cocine a fuego lento durante 40 minutos, revolviendo con frecuencia. Servir caliente.

# El pollo de salli

*(Pollo con Patatas Fritas)*

**Para 4 personas**

## Ingredientes

Sal al gusto

1 cucharadita de pasta de jengibre

1 cucharadita de pasta de ajo

1 kg/2 ¼ lb de pollo, picado

3 cucharadas de aceite vegetal refinado

2 cebollas grandes, finamente picadas

1 cucharadita de azúcar

4 tomates, puré

1 cucharadita de cúrcuma

250 g de patatas chips saladas

**método**

- Mezcla sal, pasta de jengibre y pasta de ajo. Marina el pollo en esta mezcla durante 1 hora. Poner a un lado.

- Calienta el aceite en una olla. Freír la cebolla a fuego lento hasta que se dore.

- Agrega el pollo marinado, el azúcar, el puré de tomate y la cúrcuma. Cubra con una tapa y cocine a fuego lento durante 40 minutos, revolviendo con frecuencia.

- Espolvorea la parte superior con papas fritas y sirve caliente.

# Pollo Frito Tikka

**Para 4 personas**

## Ingredientes

1 kg de pollo deshuesado, picado

1 litro/1¾ litro de leche

1 cucharadita de azafrán

8 vainas de cardamomo verde

5 dientes

canela 2,5 cm

2 hojas de laurel

250 g/9 oz de arroz basmati

4 cucharaditas de semillas de hinojo

Sal al gusto

150 g de yogur

Aceite vegetal refinado para freír

**método**

- Mezclar el pollo con la leche, el azafrán, el cardamomo, el clavo, la canela y las hojas de laurel. Cocina en una olla a fuego lento durante 50 minutos. Poner a un lado.

- Muele el arroz con las semillas de hinojo, sal y suficiente agua hasta crear una pasta fina. Agregue esta pasta al yogur y mezcle bien.

- Calienta el aceite en el sarten. Sumerge los trozos de pollo en la mezcla de yogur y fríelos a fuego medio hasta que estén dorados. Servir caliente.

# buscando un pollo

**Para 4 personas**

## Ingredientes

500 g de pollo picado

10 dientes de ajo, picados

Raíz de jengibre, 5 cm de largo, cortada en juliana

2 chiles verdes, finamente picados

½ cucharadita de semillas de comino negro

Sal al gusto

## método

- Mezclar la carne con todos los ingredientes y amasar hasta obtener una masa suave. Divide esta mezcla en 8 porciones iguales.

- Enhebre las brochetas y cocine a la parrilla durante 10 minutos.

- Servir caliente con chutney de menta.

# Nadan Kozhikari

*(Pollo con eneldo y leche de coco)*

**Para 4 personas**

## Ingredientes

½ cucharadita de cúrcuma

2 cucharaditas de pasta de jengibre

Sal al gusto

1 kg de pollo, cortado en 8 trozos

1 cucharada de semillas de cilantro

3 chiles rojos

1 cucharadita de semillas de hinojo

1 cucharadita de semillas de mostaza

3 cebollas grandes

3 cucharadas de aceite vegetal refinado

750 ml/1¼ litro de leche de coco

250ml/8oz de agua

10 hojas de curry

**método**

- Mezcla la cúrcuma, la pasta de jengibre y la sal durante 1 hora. Marina el pollo en esta mezcla durante 1 hora.

- Semillas de cilantro tostadas secas, chiles rojos, semillas de hinojo y semillas de mostaza. Mezclar con la cebolla y triturar hasta obtener una pasta suave.

- Calienta el aceite en una olla. Agrega la pasta de cebolla y sofríe a fuego lento durante 7 minutos. Agrega el pollo marinado, la leche de coco y el agua. Guisar durante 40 minutos. Servir decorado con hojas de curry.

# pollo de mamá

**Para 4 personas**

## Ingredientes

3 cucharadas de aceite vegetal refinado

5 cm/2 pulgadas de canela

2 vainas de cardamomo verde

4 dientes

4 cebollas grandes, finamente picadas

Raíz de jengibre rallada, 2,5 cm de largo

8 dientes de ajo machacados

3 tomates grandes, finamente picados

2 cucharaditas de cilantro molido

1 cucharadita de cúrcuma

Sal al gusto

1 kg de pollo, cortado en 12 trozos

500ml/16oz de agua

**método**

- Calienta el aceite en una olla. Agrega canela, cardamomo y clavo. Déjalos balbucear durante 15 segundos.

- Agrega la cebolla, el jengibre y el ajo. Freír a fuego medio durante 2 minutos.

- Agrega los ingredientes restantes excepto el agua. Freír durante 5 minutos.

- Vierta agua. Mezclar bien y cocinar por 40 minutos. Servir caliente.

# Methi de pollo

*(Pollo cocinado con hojas de fenogreco)*

**Para 4 personas**

## Ingredientes

1 cucharadita de pasta de jengibre

2 cucharaditas de pasta de ajo

2 cucharaditas de cilantro molido

½ cucharadita de clavo molido

Jugo de 1 limón

1 kg de pollo, cortado en 8 trozos

4 cucharadas de mantequilla

1 cucharadita de jengibre seco en polvo

2 cucharadas de hojas secas de fenogreco

50 g de hojas de cilantro picadas

10 g/¼ oz de hojas de menta, finamente picadas

Sal al gusto

**método**

- Mezcle la pasta de jengibre, la pasta de ajo, el cilantro molido, los clavos y la mitad del jugo de limón. Marina el pollo en esta mezcla durante 2 horas.

- Hornee en un horno precalentado a 200 °C (400 °F, marca de gas 6) durante 50 minutos. Poner a un lado.

- Calienta la mantequilla en una olla. Agrega el pollo asado y todos los ingredientes restantes. Tira bien. Cocine durante 5-6 minutos y sirva caliente.

# Muslos De Pollo Picantes

**Para 4 personas**

## Ingredientes

8-10 muslos de pollo, pinchados con un tenedor

2 huevos batidos

100 g de sémola

Aceite vegetal refinado para freír

## Para la mezcla de especias:

6 chiles rojos

6 dientes de ajo

Raíz de jengibre de 2,5 cm de largo

1 cucharada de hojas de cilantro picadas

6 dientes

15 granos de pimienta negra

Sal al gusto

4 cucharadas de vinagre de malta

**método**

- Mezcle los ingredientes de la mezcla de especias hasta obtener una pasta suave. Marinar las baquetas en esta pasta durante una hora.
- Calienta el aceite en el sarten. Pasar los muslos por huevo, cubrir con sémola y freír a fuego medio hasta que estén dorados. Servir caliente.

# Pollo al curry de Dieter

**Para 4 personas**

## Ingredientes

1 cucharadita de pasta de jengibre

1 cucharadita de pasta de ajo

200 g de yogur

1 cucharadita de chile en polvo

½ cucharadita de cúrcuma

2 tomates, finamente picados

1 cucharadita de cilantro molido

1 cucharadita de comino molido

1 cucharadita de hojas secas de fenogreco, trituradas

2 cucharaditas de garam masala

1 cucharadita de marinada de mango

Sal al gusto

750 g/1 libra 10 oz de pollo, desmenuzado

**método**

- Mezclar todos los ingredientes excepto el pollo. Marina el pollo en esta mezcla durante 3 horas.
- Cuece la mezcla en una cazuela o cazo de barro a fuego lento durante 40 minutos. Agregue agua si es necesario. Servir caliente.

# pollo celestial

**Para 4 personas**

## Ingredientes

4 cucharadas de aceite vegetal refinado

1 kg de pollo, cortado en 8 trozos

Sal al gusto

1 cucharadita de pimienta

1 cucharadita de cúrcuma

6 cebolletas, finamente picadas

250ml/8oz de agua

## Para la mezcla de especias:

1 ½ cucharaditas de pasta de jengibre

1 ½ cucharaditas de pasta de ajo

3 pimientos verdes, sin semillas y en rodajas

2 chiles verdes

½ coco fresco rallado

2 tomates, finamente picados

**método**

- Mezcle los ingredientes de la mezcla de especias hasta obtener una pasta suave.
- Calienta el aceite en una olla. Agrega la pasta y sofríe a fuego lento durante 7 minutos. Agrega los ingredientes restantes excepto el agua. Freír durante 5 minutos. Agrega agua. Mezclar bien y cocinar por 40 minutos. Servir caliente.

# pollo rizal

**Para 4 personas**

## Ingredientes

6 cucharadas de aceite vegetal refinado

2 cebollas grandes, cortadas a lo largo

1 cucharadita de pasta de jengibre

1 cucharadita de pasta de ajo

2 cucharadas de semillas de amapola, molidas

1 cucharada de cilantro molido

2 pimientos verdes grandes, cortados en juliana

360ml/12oz de agua

1 kg de pollo, cortado en 8 trozos

6 vainas de cardamomo verde

5 dientes

200 g de yogur

1 cucharadita de garam masala

Jugo de 1 limón

Sal al gusto

**método**

- Calienta el aceite en una olla. Agrega la cebolla, la pasta de jengibre, la pasta de ajo, las semillas de amapola y el cilantro molido. Freír a fuego lento durante 2 minutos.

- Agregue todos los ingredientes restantes y mezcle bien. Cubra con una tapa y cocine a fuego lento durante 40 minutos, revolviendo ocasionalmente. Servir caliente.

# sorpresa de pollo

**Para 4 personas**

## Ingredientes

150 g de hojas de cilantro picadas

10 dientes de ajo

Raíz de jengibre de 2,5 cm de largo

1 cucharadita de garam masala

1 cucharada de pasta de tamarindo

2 cucharaditas de semillas de comino

1 cucharadita de cúrcuma

4 cucharadas de agua

Sal al gusto

1 kg de pollo, cortado en 8 trozos

Aceite vegetal refinado para freír

2 huevos batidos

**método**

- Muele todos los ingredientes excepto el pollo, el aceite y los huevos hasta obtener una pasta suave. Marina el pollo en esta pasta durante 2 horas.
- Calienta el aceite en el sarten. Sumerge cada trozo de pollo en el huevo y fríelo a fuego medio hasta que se dore. Servir caliente.

# pollo con queso

**Para 4 personas**

## Ingredientes

12 muslos de pollo

4 cucharadas de mantequilla

1 cucharadita de pasta de jengibre

1 cucharadita de pasta de ajo

2 cebollas grandes, finamente picadas

1 cucharadita de garam masala

Sal al gusto

200 g de yogur

## Para la marinada:

1 cucharadita de pasta de jengibre

1 cucharadita de pasta de ajo

1 cucharada de jugo de limón

¼ de cucharadita de garam masala

4 cucharadas de nata líquida

4 cucharadas de queso cheddar rallado

Sal al gusto

**método**

- Pinchar todo con un tenedor. Mezcle todos los ingredientes de la marinada. Marine las baquetas en esta mezcla durante 8-10 horas.

- Calienta la mantequilla en una olla. Agrega la pasta de jengibre y la pasta de ajo. Freír a fuego medio durante 1-2 minutos. Agregue todos los ingredientes restantes excepto el yogur. Freír durante 5 minutos.

- Agrega los muslos y el yogur. Guisar durante 40 minutos. Servir caliente.

# Korma de ternera

*(Carne cocida en salsa picante)*

**Para 4 personas**

## Ingredientes

4 cucharadas de aceite vegetal refinado

2 cebollas grandes, finamente picadas

675 g de ternera cortada en trozos de 2,5 cm

360ml/12oz de agua

½ cucharadita de canela molida

120ml/4oz de crema única

125 g de yogur

1 cucharadita de garam masala

Sal al gusto

10 g/¼ oz de hojas de cilantro, finamente picadas

## Para la mezcla de especias:

1 ½ cucharadas de semillas de cilantro

¾ cucharada de semillas de comino

3 vainas de cardamomo verde

4 granos de pimienta negra

6 dientes

Raíz de jengibre de 2,5 cm de largo

10 dientes de ajo

15 almendras

## método

- Mezcle todos los ingredientes de la mezcla de especias y agregue suficiente agua para crear una pasta suave. Poner a un lado.

- Calienta el aceite en una olla. Agrega la cebolla y sofríela a fuego medio hasta que se dore.

- Agregue la pasta de mezcla de especias y la carne. Freír durante 2-3 minutos. Agrega agua. Mezclar bien y cocinar a fuego lento durante 45 minutos.

- Agrega la canela molida, la nata, el yogur, el garam masala y la sal. Mezclar bien durante 3-4 minutos.

- Adorne la korma de ternera con hojas de cilantro. Servir caliente.

# Dhal Khema

*(Carne picada con lentejas)*

**Para 4 personas**

## Ingredientes

675 g/1 ½ lb de cordero, molido

1 cucharadita de pasta de jengibre

1 cucharadita de pasta de ajo

3 cebollas grandes, finamente picadas

360ml/12oz de agua

Sal al gusto

Chana Dhal 600g/1lb 5oz*, remojado en 250 ml de agua durante 30
minutos

½ cucharadita de pasta de tamarindo

60ml/2oz de aceite vegetal refinado

4 dientes

canela 2,5 cm

2 vainas de cardamomo verde

4 granos de pimienta negra

10 g/¼ oz de hojas de cilantro, finamente picadas

**Para la mezcla de especias:**

2 cucharaditas de semillas de cilantro

3 chiles rojos

½ cucharadita de cúrcuma

¼ de cucharadita de semillas de comino

25 g/1 onza de coco fresco, rallado

1 cucharadita de semillas de amapola

**método**

- Ase en seco todos los ingredientes de la mezcla de especias. Muele esta mezcla con suficiente agua para hacer una pasta suave. Poner a un lado.

- Mezclar el cordero picado con la pasta de jengibre, la pasta de ajo, la mitad de la cebolla, el agua restante y la sal. Cocina en una olla a fuego medio durante 40 minutos.

- Agrega el chana dhal junto con el agua en la que se remojó. Mezclar bien. Guisar durante 10 minutos.

- Agrega la pasta de mezcla de especias y la pasta de tamarindo. Cubra con una tapa y cocine a fuego lento durante 10 minutos, revolviendo ocasionalmente. Poner a un lado.

- Calienta el aceite en el sarten. Agrega la cebolla restante y sofríe a fuego medio hasta que se dore.

- Agregue clavo, canela, cardamomo y granos de pimienta. Freír por un minuto.

- Retirar del fuego y verter directamente sobre la mezcla de dhal molida. Mezclar bien durante un minuto.

- Adorne el dhal kheema con hojas de cilantro. Servir caliente.

# curry de cerdo

**Para 4 personas**

## Ingredientes

500 g de cerdo cortado en trozos de 2,5 cm

1 cucharada de vinagre de malta

6 hojas de curry

canela 2,5 cm

3 dientes

500ml/16oz de agua

Sal al gusto

2 patatas grandes, cortadas en cubos

3 cucharadas de aceite vegetal refinado

1 cucharadita de garam masala

## Para la mezcla de especias:

1 cucharada de semillas de cilantro

1 cucharadita de semillas de comino

6 granos de pimienta negra

½ cucharadita de cúrcuma

4 chiles rojos

2 cebollas grandes, finamente picadas

Raíz de jengibre, de 2,5 cm de largo, cortada en rodajas

10 dientes de ajo, cortados en rodajas

½ cucharadita de pasta de tamarindo

## método

- Mezcle todos los ingredientes de la mezcla de especias. Muele con suficiente agua para hacer una pasta suave. Poner a un lado.

- Mezclar la carne de cerdo con vinagre, hojas de curry, canela, clavo, agua y sal. Cocina esta mezcla en una olla a fuego medio durante 40 minutos.

- Agrega las patatas. Mezclar bien y cocinar a fuego lento durante 10 minutos. Poner a un lado.

- Calienta el aceite en una olla. Agrega la pasta de la mezcla de especias y fríe a fuego medio durante 3-4 minutos.

- Agregue la mezcla de carne de cerdo y el garam masala. Mezclar bien. Cubra con una tapa y cocine a fuego lento durante 10 minutos, revolviendo ocasionalmente.

- Servir caliente.

# kebab shikampoore

*(kebab de cordero)*

**Para 4 personas**

## Ingredientes

3 cebollas grandes

8 dientes de ajo

Raíz de jengibre de 2,5 cm de largo

6 chiles rojos secos

4 cucharadas de ghee, más un poco para freír

1 cucharadita de cúrcuma

1 cucharadita de cilantro molido

½ cucharadita de comino molido

10 almendras, molidas

10 pistachos, molidos

1 cucharadita de garam masala

Una pizca de canela molida

1 cucharada de clavo molido

1 cucharada de cardamomo verde molido

2 cucharadas de leche de coco

Sal al gusto

1 cucharada de besan*

750 g/1 libra 10 oz de cordero, molido

200 g de yogur griego

1 cucharada de hojas de menta, finamente picadas

## método

- Mezcle la cebolla, el ajo, el jengibre y el chile.
- Muele esta mezcla con suficiente agua para hacer una pasta suave.
- Calienta el ghee en una olla. Agrega esta pasta y sofríe a fuego medio durante 1-2 minutos.
- Agrega la cúrcuma, el cilantro molido y el comino molido. Freír por un minuto.
- Agrega las almendras molidas, los pistachos molidos, el garam masala, la canela molida, el clavo molido y el cardamomo. Continúe friendo durante 2-3 minutos.
- Agrega la leche de coco y la sal. Mezclar bien. Mezclar durante 5 minutos.
- Agrega el besan y la carne picada. Mezclar bien. Cocine a fuego lento durante 30 minutos, revolviendo ocasionalmente. Retirar del fuego y dejar enfriar durante 10 minutos.
- Cuando la masa molida se enfríe, divídela en 8 bolas y aplana cada bola hasta darle forma de chuleta. Poner a un lado.

- Mezclar bien el yogur con las hojas de menta. Coloque una cucharada grande de esta mezcla en el centro de cada chuleta aplanada. Enróllelo como una bolsa, enróllelo hasta formar una bola y aplánelo nuevamente.
- Calienta el ghee en una sartén. Agrega las chuletas y sofríelas a fuego medio hasta que estén doradas. Servir caliente.

# cordero especial

**Para 4 personas**

## Ingredientes

5 cucharadas de ghee

4 cebollas grandes, en rodajas

2 tomates, rebanados

675 g de cordero cortado en trozos de 3,5 cm de largo

1 litro/1¾ pintas de agua

Sal al gusto

## Para la mezcla de especias:

10 dientes de ajo

3 chiles verdes

Raíz de jengibre de 3,5 cm/1½ pulgada de largo

4 dientes

canela 2,5 cm

1 cucharada de semillas de amapola

1 cucharadita de semillas de comino negro

1 cucharadita de semillas de comino

2 vainas de cardamomo verde

2 cucharadas de semillas de cilantro

7 granos de pimienta

5 chiles rojos secos

1 cucharadita de cúrcuma

1 cucharada de chana dhal*

25 g/hojas pequeñas de menta de 1 oz

25 g/hojas pequeñas de cilantro de 1 oz

100 g/3½ oz de coco fresco rallado

## método

- Mezcle todos los ingredientes de la mezcla de especias y agregue suficiente agua para crear una pasta suave. Poner a un lado.
- Calienta el ghee en una olla. Agrega la cebolla y sofríela a fuego medio hasta que se dore.
- Agrega la pasta de mezcla de especias. Freír durante 3-4 minutos, revolviendo de vez en cuando.
- Agrega los tomates y el cordero. Freír durante 8-10 minutos. Agrega agua y sal. Mezcle bien, tape y cocine a fuego lento durante 45 minutos, revolviendo ocasionalmente. Servir caliente.

# Chuletas De Masala Verde

**Para 4 personas**

## Ingredientes

750 g/1 lb 10 oz de chuletas de cordero

Sal al gusto

360ml/12oz de aceite vegetal refinado

3 patatas grandes, cortadas en rodajas

5 cm/2 pulgadas de canela

2 vainas de cardamomo verde

4 dientes

3 tomates, finamente picados

¼ de cucharadita de cúrcuma

120ml/4oz de vinagre

250ml/8oz de agua

## Para la mezcla de especias:

3 cebollas grandes

Raíz de jengibre de 2,5 cm de largo

10-12 dientes de ajo

¼ de cucharadita de semillas de comino

6 chiles verdes, cortados a lo largo

1 cucharadita de semillas de cilantro

1 cucharadita de semillas de comino

50 g de hojas de cilantro finamente picadas

## método

- Marinar el cordero en sal durante una hora.
- Mezcle todos los ingredientes de la mezcla de especias. Muele con suficiente agua para hacer una pasta suave. Poner a un lado.
- Calienta la mitad del aceite en una sartén. Agrega las patatas y sofríelas a fuego medio hasta que se doren. Colar y reservar.
- Calienta el aceite restante en una olla. Agrega canela, cardamomo y clavo. Déjalos balbucear durante 20 segundos.
- Agrega la pasta de mezcla de especias. Freírlo a fuego medio durante 3-4 minutos.
- Agrega los tomates y la cúrcuma. Continúe friendo durante 1-2 minutos.
- Agrega vinagre y cordero marinado. Freír durante 6-7 minutos.
- Añade agua y mezcla bien. Cubra con una tapa y cocine a fuego lento durante 45 minutos, revolviendo ocasionalmente.
- Agrega las patatas fritas. Cocine por 5 minutos, revolviendo constantemente. Servir caliente.

# Kebab en capas

**Para 4 personas**

## Ingredientes

120ml/4oz de aceite vegetal refinado

100 g de pan rallado

## Para la capa blanca:

450 g/1 lb de queso de cabra, escurrido

1 papa grande, cocida

½ cucharadita de sal

½ cucharadita de pimienta negra molida

½ cucharadita de chile en polvo

Jugo de medio limón

50 g de hojas de cilantro picadas

## Para la capa verde:

200 gramos de espinacas

2 cucharadas de mungo dhal*

1 cebolla grande, finamente picada

Raíz de jengibre de 2,5 cm de largo

4 dientes

¼ de cucharadita de cúrcuma

1 cucharadita de garam masala

Sal al gusto

250ml/8oz de agua

2 cucharadas de besan*

## Para la capa naranja:

1 huevo batido

1 cebolla grande, finamente picada

1 cucharada de jugo de limón

¼ de cucharadita de colorante alimentario naranja


## Para la capa de carne:

500 g/1 libra 2 oz de carne picada

150 g/5½ oz de mungo dhal*, remojado durante 1 hora

Raíz de jengibre de 5 cm de largo.

6 dientes de ajo

6 dientes

1 cucharada de comino molido

1 cucharada de chile en polvo

10 granos de pimienta negra

600 ml/1 litro de agua

## método

- Mezclar y amasar los ingredientes de la capa blanca con una pizca de sal. Poner a un lado.

- Mezclar todos los ingredientes de la capa verde excepto el besan. Cocina en una olla a fuego lento durante 45 minutos. Mezclar con besan y reservar.

- Mezclar todos los ingredientes para la capa de naranja con una pizca de sal. Poner a un lado.

- Para la capa de carne, mezcla todos los ingredientes con una pizca de sal y cocina en una ollita a fuego medio durante 40 minutos. Dejar enfriar y licuar.

- Divide cada capa de la mezcla en 8 porciones. Formar bolitas y aplastarlas ligeramente para formar chuletas. Coloque 1 chuleta de cada capa encima de la otra para hacer ocho chuletas de 4 capas. Presiónelos ligeramente en las brochetas alargadas.

- Calienta el aceite en el sarten. Rebozar las brochetas con pan rallado y freírlas a fuego medio hasta que estén doradas. Servir caliente.

# Maestro Barrah

*(Chuletas de Cordero al Horno)*

**Para 4 personas**

## Ingredientes

1 cucharadita de pasta de jengibre

1 cucharadita de pasta de ajo

3 cucharadas de vinagre de malta

675 g de chuletas de cordero

400 g/14 oz de yogur griego

1 cucharadita de cúrcuma


4 chiles verdes, finamente picados

½ cucharadita de chile en polvo

1 cucharadita de cilantro molido

1 cucharadita de comino molido

1 cucharadita de canela molida

¾ cucharadita de clavo molido

Sal al gusto

1 cucharada de chaat masala*

**método**

- Mezcle pasta de jengibre y pasta de ajo con vinagre. Marinar el cordero en esta mezcla durante 2 horas.

- Mezcle todos los ingredientes restantes excepto el chaat masala. Marina las chuletas de cordero en esta mezcla durante 4 horas.

- Ensarte las chuletas en brochetas y hornee en un horno precalentado a 200°C (400°F, marca de gas 6) durante 40 minutos.

- Adorne con chaat masala y sirva caliente.

# Adobo de cordero

**Para 4 personas**

## Ingredientes

10 chiles rojos secos

10 dientes de ajo

Raíz de jengibre de 3,5 cm/1½ pulgada de largo

Sal al gusto

750 ml/1¼ litro de agua

2 cucharadas de yogur

675 g de cordero cortado en trozos de 2,5 cm de largo

250ml/8oz de aceite vegetal refinado

1 ½ cucharaditas de cúrcuma

1 cucharada de semillas de cilantro

10 granos de pimienta negra

3 vainas de cardamomo negro

4 dientes

3 hojas de laurel

1 cucharadita de nuez moscada rallada

¼ de cucharadita de nuez moscada rallada

1 cucharadita de semillas de comino

½ cucharadita de semillas de mostaza

100 g/3½ oz de coco seco

½ cucharadita de asafétida

Jugo de 1 limón

## método

- Mezcle los chiles rojos, el ajo, el jengibre y la sal. Muele con suficiente agua para hacer una pasta suave.
- Mezcla esta pasta con yogur. Marina la carne en esta mezcla durante 1 hora.
- Calienta la mitad del aceite en una olla. Agregue cúrcuma, semillas de cilantro, granos de pimienta, cardamomo, clavo, hojas de laurel, macis, nuez moscada, semillas de comino, semillas de mostaza y coco. Freír a fuego medio durante 2-3 minutos.
- Muele la mezcla con suficiente agua para hacer una pasta espesa.
- Vierta el aceite restante en la olla. Agrega asafétida. Déjalo burbujear durante 10 segundos.

- Agrega la cúrcuma molida y la pasta de semillas de cilantro. Freír a fuego medio durante 3-4 minutos.
- Agregue el cordero marinado y el agua restante. Mezclar bien. Cubra con una tapa y cocine a fuego lento durante 45 minutos. Dejar enfriar.
- Agregue jugo de limón y mezcle bien. Guarde la marinada de cordero en un recipiente hermético.

# Curry de cordero de Goa

**Para 4 personas**

## Ingredientes

240ml/6oz de aceite vegetal refinado

4 cebollas grandes, finamente picadas

1 cucharadita de cúrcuma

4 tomates, puré

675 g de cordero cortado en trozos de 2,5 cm de largo

4 patatas grandes, cortadas en cubos

600 ml/1 litro de leche de coco

120ml/4oz de agua

Sal al gusto

## Para la mezcla de especias:

4 vainas de cardamomo verde

5 cm/2 pulgadas de canela

6 granos de pimienta negra

1 cucharadita de semillas de comino

2 dientes

6 chiles rojos

1 anís estrellado

50 g de hojas de cilantro finamente picadas

3 chiles verdes

1 cucharadita de pasta de jengibre

1 cucharadita de pasta de ajo

## método

- Para preparar la mezcla de especias, seque el cardamomo asado, la canela, los granos de pimienta, las semillas de comino, los clavos, los chiles rojos y el anís estrellado durante 3-4 minutos.

- Muele esta mezcla con los ingredientes restantes de la mezcla de especias y suficiente agua para hacer una pasta suave. Poner a un lado.

- Calienta el aceite en una olla. Agrega la cebolla y sofríela a fuego medio hasta que quede traslúcida.

- Agrega la cúrcuma y el puré de tomate. Freír durante 2 minutos.

- Agrega la pasta de mezcla de especias. Continúe friendo durante 4-5 minutos.

- Agrega el cordero y las patatas. Freír durante 5-6 minutos.

- Agrega la leche de coco, el agua y la sal. Mezclar bien. Cubra con una tapa y cocine a fuego lento la mezcla durante 45 minutos, revolviendo ocasionalmente. Servir caliente.

# carne de bagara

*(Carne cocida en rica salsa india)*

**Para 4 personas**

## Ingredientes

120ml/4oz de aceite vegetal refinado

3 chiles rojos

1 cucharadita de semillas de comino

10 hojas de curry

2 cebollas grandes

½ cucharadita de cúrcuma

1 cucharadita de chile en polvo

1 cucharadita de cilantro molido

1 cucharadita de pasta de tamarindo

1 cucharadita de garam masala

500 g de cordero cortado en cubos

Sal al gusto

500ml/16oz de agua

## Para la mezcla de especias:

2 cucharadas de semillas de sésamo

2 cucharadas de coco fresco, rallado

2 cucharadas de maní

Raíz de jengibre de 2,5 cm de largo

8 dientes de ajo

## método

- Mezcle los ingredientes de la mezcla de especias. Muele esta mezcla con suficiente agua para hacer una pasta suave. Poner a un lado.
- Calienta el aceite en una olla. Agregue los chiles rojos, las semillas de comino y las hojas de curry. Déjalos balbucear durante 15 segundos.
- Agregue la pasta de la mezcla de cebolla y especias. Freír a fuego medio durante 4-5 minutos.
- Agrega los ingredientes restantes excepto el agua. Freír durante 5-6 minutos.
- Agrega agua. Mezclar bien. Cubra con una tapa y cocine a fuego lento durante 45 minutos. Servir caliente.

# Hígado en leche de coco

**Para 4 personas**

## Ingredientes

750 g de hígado y 10 oz, cortados en trozos de 2,5 cm

½ cucharadita de cúrcuma

Sal al gusto

500ml/16oz de agua

5 cucharadas de aceite vegetal refinado

3 cebollas grandes, finamente picadas

1 cucharada de jengibre, finamente picado

1 cucharada de dientes de ajo, finamente picados

6 chiles verdes, cortados a lo largo

3 patatas grandes, cortadas en trozos de 2,5 cm de grosor

1 cucharada de vinagre de malta

500ml/16oz de leche de coco

## Para la mezcla de especias:

3 chiles rojos secos

canela 2,5 cm

4 vainas de cardamomo verde

1 cucharadita de semillas de comino

## método

- Mezclar el hígado con cúrcuma, sal y agua. Cocina en una olla a fuego medio durante 40 minutos. Poner a un lado.

- Mezcle todos los ingredientes de la mezcla de especias y agregue suficiente agua para crear una pasta suave. Poner a un lado.

- Calienta el aceite en una olla. Agrega la cebolla y sofríela a fuego medio hasta que quede traslúcida.

- Agrega el jengibre, el ajo y los chiles verdes. Freír durante 2 minutos.

- Agrega la pasta de mezcla de especias. Continúe friendo durante 1-2 minutos.

- Agrega la mezcla de hígado, las patatas, el vinagre y la leche de coco. Mezclar bien durante 2 minutos. Cubra con una tapa y cocine a fuego lento durante 15 minutos, revolviendo ocasionalmente. Servir caliente.

# Cordero Masala con Yogurt

**Para 4 personas**

## Ingredientes

200 g de yogur

Sal al gusto

675 g de cordero cortado en trozos de 2,5 cm de largo

4 cucharadas de aceite vegetal refinado

3 cebollas grandes, finamente picadas

3 zanahorias, cortadas en cubitos

3 tomates, finamente picados

120ml/4oz de agua

## Para la mezcla de especias:

25 g/hojas pequeñas de cilantro de 1 oz, finamente picadas

¼ de cucharadita de cúrcuma

Raíz de jengibre de 2,5 cm de largo

2 chiles verdes

8 dientes de ajo

4 vainas de cardamomo

4 dientes

5 cm/2 pulgadas de canela

3 hojas de curry

¾ cucharadita de cúrcuma

2 cucharaditas de cilantro molido

1 cucharadita de chile en polvo

½ cucharadita de pasta de tamarindo

## método

- Mezcle todos los ingredientes de la mezcla de especias. Muele con suficiente agua para hacer una pasta suave.
- Mezclar bien la pasta con yogur y sal. Marinar el cordero en esta mezcla durante 1 hora.
- Calienta el aceite en una olla. Agrega la cebolla y sofríela a fuego medio hasta que quede traslúcida.
- Agrega las zanahorias y los tomates y sofríe durante 3-4 minutos.
- Agrega el cordero marinado y el agua. Mezclar bien. Cubra con una tapa y cocine a fuego lento durante 45 minutos, revolviendo ocasionalmente. Servir caliente.

# Korma en Khada Masala

*(Cordero picante en salsa espesa)*

**Para 4 personas**

## Ingredientes

75 g/2½ onzas de ghee

3 vainas de cardamomo negro

6 dientes

2 hojas de laurel

½ cucharadita de semillas de comino

2 cebollas grandes, cortadas en rodajas

3 chiles rojos secos

Raíz de jengibre, de 2,5 cm de largo, finamente picada

20 dientes de ajo

5 chiles verdes, cortados a lo largo

675 g de cordero cortado en cubos

½ cucharadita de chile en polvo

2 cucharaditas de cilantro molido

6-8 chalotes, pelados

200 g de guisantes enlatados

750 ml/1¼ onzas de agua

Una pizca de azafrán disuelta en 2 cucharadas de agua tibia

Sal al gusto

1 cucharadita de jugo de limón

200 g de yogur

1 cucharada de hojas de cilantro, finamente picadas

4 huevos duros, cortados en mitades

**método**

- Calienta el ghee en una olla. Agregue cardamomo, clavo, hojas de laurel y semillas de comino. Déjalos balbucear durante 30 segundos.
- Agrega la cebolla y sofríela a fuego medio hasta que se dore.
- Agregue los chiles rojos secos, el jengibre, el ajo y los chiles verdes. Freír por un minuto.
- Agrega el cordero. Freír durante 5-6 minutos.
- Agregue el chile en polvo, el cilantro molido, las chalotas y los guisantes. Continúe friendo durante 3-4 minutos.
- Agrega el agua, la mezcla de azafrán, la sal y el jugo de limón. Mezclar bien durante 2-3 minutos. Cubra con una tapa y cocine a fuego lento durante 20 minutos.
- Destape la sartén y agregue el yogur. Mezclar bien. Tapar nuevamente y continuar cocinando a fuego lento durante 20-25 minutos, revolviendo ocasionalmente.
- Adorne con hojas de cilantro y huevos. Servir caliente.

# Curry con cordero y riñones

**Para 4 personas**

## Ingredientes

5 cucharadas de aceite vegetal refinado, más un poco más para freír

4 patatas grandes, cortadas en tiras largas

3 cebollas grandes, finamente picadas

3 tomates grandes, finamente picados

¼ de cucharadita de cúrcuma

1 cucharadita de chile en polvo

2 cucharaditas de cilantro molido

1 cucharadita de comino molido

25 anacardos, triturados gruesos

4 riñones cortados en cubos

500 g de cordero cortado en trozos de 5 cm

Jugo de 1 limón

1 cucharadita de pimienta negra molida

Sal al gusto

500ml/16oz de agua

4 huevos duros, cortados en cuartos

10 g/¼ oz de hojas de cilantro, finamente picadas

**Para la mezcla de especias:**

1 ½ cucharaditas de pasta de jengibre

1 ½ cucharaditas de pasta de ajo

4-5 chiles verdes

4 vainas de cardamomo

6 dientes

1 cucharadita de comino negro

1 ½ cucharadas de vinagre de malta

**método**

- Mezcle todos los ingredientes de la mezcla de especias y agregue suficiente agua para crear una pasta suave. Poner a un lado.

- Calentar aceite en una sartén para freír. Agrega las patatas y sofríe a fuego medio durante 3-4 minutos. Colar y reservar.

- Calienta 5 cucharadas de aceite en una olla. Agrega la cebolla y sofríela a fuego medio hasta que quede traslúcida.

- Agrega la pasta de mezcla de especias. Freír durante 2-3 minutos, revolviendo frecuentemente.

- Agregue los tomates, la cúrcuma, el chile en polvo, el cilantro molido y el comino molido. Continúe friendo durante 2-3 minutos.

- Agrega los anacardos, los riñones y el cordero. Freír durante 6-7 minutos.

- Agrega el jugo de limón, la pimienta, la sal y el agua. Mezclar bien. Cubra con una tapa y cocine a fuego lento durante 45 minutos, revolviendo ocasionalmente.

- Decora con huevos y hojas de cilantro. Servir caliente.

# Gosht Gulfam

*(Cordero con Queso de Cabra)*

**Para 4 personas**

## Ingredientes

675 g de cordero deshuesado

300 g de queso de cabra escurrido

200 g/7 oz de khoya*

150 g de frutos secos variados, finamente picados

6 chiles verdes, finamente picados

25 g/hojas pequeñas de cilantro de 1 oz, finamente picadas

2 huevos duros

## Para la salsa:

¾ cucharada de aceite vegetal refinado

3 cebollas grandes, finamente picadas

Raíz de jengibre, de 5 cm de largo, finamente picada

10 dientes de ajo, finamente picados

3 tomates, finamente picados

1 cucharadita de chile en polvo

120 ml de caldo de cordero

Sal al gusto

## método

- Dale palmaditas al cordero hasta que parezca un filete.
- Mezcle queso de cabra, khoya, frutos secos, chiles verdes y hojas de cilantro. Amasar esta mezcla hasta obtener una masa suave.
- Extiende la masa sobre el cordero aplanado y coloca los huevos en el medio.
- Enrolla bien el cordero para que la masa y los huevos queden en su interior. Envuélvalo en papel de aluminio y hornee en un horno precalentado a 180°C (350°F, marca de gas 4) durante 1 hora. Poner a un lado.
- Para preparar la salsa, calienta el aceite de oliva en una olla. Agrega las cebollas y sofríe a fuego medio hasta que se vuelvan traslúcidas.
- Agrega el jengibre y el ajo. Freír por un minuto.
- Agrega los tomates y el chile en polvo. Continúe friendo durante 2 minutos, revolviendo con frecuencia.
- Agrega el caldo y la sal. Mezclar bien. Cocine a fuego lento durante 10 minutos, revolviendo ocasionalmente. Poner a un lado.
- Corta el rollo de carne al horno en rodajas y colócalo en una fuente para servir. Vierte la salsa sobre ellos y sirve caliente.

# Cordero Para Pyaaza

*(Cordero con Cebolla)*

**Para 4 personas**

## Ingredientes

120ml/4oz de aceite vegetal refinado

1 cucharadita de cúrcuma

3 hojas de laurel

4 dientes

5 cm/2 pulgadas de canela

6 chiles rojos secos

4 vainas de cardamomo verde

6 cebollas grandes, 2 picadas, 4 en rodajas

3 cucharadas de pasta de jengibre

3 cucharadas de pasta de ajo

2 tomates, finamente picados

8 chalotes, cortados por la mitad

2 cucharaditas de garam masala

2 cucharaditas de cilantro molido

4 cucharaditas de comino molido

1 ½ cucharaditas de nuez moscada rallada

½ nuez moscada rallada

2 cucharaditas de pimienta negra molida

Sal al gusto

675 g/1 ½ libra de cordero, cortado en cubitos

250ml/8oz de agua

10 g/¼ oz de hojas de cilantro, finamente picadas

Raíz de jengibre, 2,5 cm de largo, cortada en juliana

## método

- Calienta el aceite en una olla. Agregue la cúrcuma, las hojas de laurel, el clavo, la canela, el chile rojo y el cardamomo. Déjalos balbucear durante 30 segundos.
- Agrega la cebolla picada. Fríelos a fuego medio hasta que se vuelvan traslúcidos.
- Agrega la pasta de jengibre y la pasta de ajo. Freír por un minuto.
- Agregue los tomates, la chalota, el garam masala, el cilantro molido, el comino molido, la macis, la nuez moscada, la pimienta y la sal. Continúe friendo durante 2-3 minutos.
- Agrega el cordero y la cebolla en rodajas. Mezclar bien y freír durante 6-7 minutos.
- Agrega agua y mezcla por un minuto. Cubra con una tapa y cocine a fuego lento durante 30 minutos, revolviendo ocasionalmente.
- Adorne con hojas de cilantro y jengibre. Servir caliente.

# Cordero Con Verduras

**Para 4 personas**

## Ingredientes

675 g de cordero cortado en trozos de 2,5 cm de largo

Sal al gusto

½ cucharadita de pimienta negra molida

5 cucharadas de aceite vegetal refinado

2 hojas de laurel

4 vainas de cardamomo verde

4 dientes

canela 2,5 cm

2 cebollas grandes, finamente picadas

1 cucharadita de cúrcuma

1 cucharada de comino molido

1 cucharadita de chile en polvo

1 cucharadita de pasta de jengibre

1 cucharadita de pasta de ajo

2 tomates, finamente picados

200 g de guisantes

1 cucharadita de semillas de fenogreco

200 g de floretes de coliflor

500ml/16oz de agua

200 g de yogur

10 g/¼ oz de hojas de cilantro, finamente picadas

**método**

- Marinar el cordero con sal y pimienta durante 30 minutos.

- Calienta el aceite en una olla. Agrega las hojas de laurel, el cardamomo, el clavo y la canela. Déjalos balbucear durante 30 segundos.

- Agregue la cebolla, la cúrcuma, el comino molido, el chile en polvo, la pasta de jengibre y la pasta de ajo. Fríelos a fuego medio durante 1-2 minutos.

- Añade el cordero marinado y sofríe durante 6-7 minutos, revolviendo de vez en cuando.

- Agregue los tomates, los guisantes, las semillas de fenogreco y los floretes de coliflor. Freír durante 3-4 minutos.

- Añade agua y mezcla bien. Cubra con una tapa y cocine a fuego lento durante 20 minutos.

- Destape la sartén y agregue el yogur. Revuelva bien durante un minuto, cubra nuevamente y cocine a fuego lento durante 30 minutos, revolviendo ocasionalmente.

- Adorne con hojas de cilantro. Servir caliente.

# Curry de ternera con patatas

**Para 4 personas**

## Ingredientes

6 granos de pimienta negra

3 dientes

2 vainas de cardamomo negro

canela 2,5 cm

1 cucharadita de semillas de comino

4 cucharadas de aceite vegetal refinado

3 cebollas grandes, finamente picadas

¼ de cucharadita de cúrcuma

1 cucharadita de chile en polvo

1 cucharadita de pasta de jengibre

1 cucharadita de pasta de ajo

750 g/1 libra 10 oz de carne de res, molida

2 tomates, finamente picados

3 patatas grandes, cortadas en cubos

½ cucharadita de garam masala

1 cucharada de jugo de limón

Sal al gusto

1 litro/1¾ pintas de agua

1 cucharada de hojas de cilantro, finamente picadas

## método

- Muele los granos de pimienta, el clavo, el cardamomo, la canela y el comino hasta obtener un polvo fino. Poner a un lado.

- Calienta el aceite en una olla. Agrega la cebolla y sofríela a fuego medio hasta que se dore.

- Agregue granos de pimienta molidos, clavo en polvo, cúrcuma, chile en polvo, pasta de jengibre y pasta de ajo. Freír por un minuto.

- Agrega la carne molida y fríe durante 5-6 minutos.

- Agrega los tomates, las patatas y el garam masala. Mezclar bien y cocinar durante 5-6 minutos.

- Agrega el jugo de limón, la sal y el agua. Cubra con una tapa y cocine a fuego lento durante 45 minutos, revolviendo ocasionalmente.

- Adorne con hojas de cilantro. Servir caliente.

# Masala de cordero picante

**Para 4 personas**

## Ingredientes

675 g/1 ½ libra de cordero, cortado en cubitos

3 cebollas grandes, en rodajas

750 ml/1¼ litro de agua

Sal al gusto

4 cucharadas de aceite vegetal refinado

4 hojas de laurel

¼ de cucharadita de semillas de comino

¼ de cucharadita de semillas de mostaza

1 cucharadita de pasta de jengibre

1 cucharadita de pasta de ajo

2 chiles verdes, finamente picados

1 cucharada de maní, molido

1 cucharada de chana dhal*, tostado seco y molido

1 cucharadita de chile en polvo

¼ de cucharadita de cúrcuma

1 cucharadita de garam masala

Jugo de 1 limón

50 g de hojas de cilantro finamente picadas

**método**

- Mezclar el cordero con la cebolla, el agua y la sal.
  Cocina esta mezcla en una olla a fuego medio durante
  40 minutos. Poner a un lado.

- Calienta el aceite en una olla. Agrega las hojas de laurel,
  las semillas de comino y las semillas de mostaza.
  Déjalos balbucear durante 30 segundos.

- Agregue la pasta de jengibre, la pasta de ajo y los chiles
  verdes. Fríelos a fuego medio durante un minuto,
  revolviendo constantemente.

- Agregue maní molido, chana dhal, chile en polvo,
  cúrcuma y garam masala. Continúe friendo durante 1-2
  minutos.

- Agrega la mezcla de cordero. Mezclar bien. Cubra con
  una tapa y cocine a fuego lento durante 45 minutos,
  revolviendo ocasionalmente.

- Espolvorea con jugo de limón y hojas de cilantro y sirve
  caliente.

# Rogan Josh

*(Curry de cordero de Cachemira)*

**Para 4 personas**

## Ingredientes

Jugo de 1 limón

200 g de yogur

Sal al gusto

750 g de cordero cortado en trozos de 2,5 cm de largo

75 g de ghee y extra para freír

2 cebollas grandes, finamente picadas

canela 2,5 cm

3 dientes

4 vainas de cardamomo verde

1 cucharadita de pasta de jengibre

1 cucharadita de pasta de ajo

1 cucharadita de cilantro molido

1 cucharadita de comino molido

3 tomates grandes, finamente picados

750 ml/1¼ litro de agua

10 g/¼ oz de hojas de cilantro, finamente picadas

**método**

- Mezcla el jugo de limón, el yogur y la sal. Marinar el cordero en esta mezcla durante una hora.

- Caliente el ghee en una sartén para freírlo. Agrega las cebollas y sofríelas a fuego medio hasta que estén doradas. Colar y reservar.

- Calienta el ghee restante en una olla. Agrega la canela, el clavo y el cardamomo. Déjalos balbucear durante 15 segundos.

- Añade el cordero marinado y sofríe a fuego medio durante 6-7 minutos.

- Agrega la pasta de jengibre y la pasta de ajo. Freír durante 2 minutos.

- Agrega el cilantro molido, el comino molido y los tomates, mezcla bien y sofríe por un minuto más.

- Agrega agua. Cubra con una tapa y cocine a fuego lento durante 40 minutos, revolviendo ocasionalmente.

- Adorne con hojas de cilantro y cebollas fritas. Servir caliente.

# Costillas de cerdo a la parrilla



**Para 4 personas**

## Ingredientes

6 chiles verdes

Raíz de jengibre de 5 cm de largo.

15 dientes de ajo

¼ de papaya cruda pequeña, molida

200 g de yogur

2 cucharadas de aceite vegetal refinado

2 cucharadas de jugo de limón

Sal al gusto

750 g/1 lb 10 oz de costillas cortadas en 4 trozos

## método

- Muele los chiles verdes, el jengibre, el ajo y la papaya cruda con suficiente agua para hacer una pasta espesa.

- Mezclar esta pasta con el resto de los ingredientes excepto las costillas. Marina las costillas en esta mezcla durante 4 horas.

- Ase las costillas marinadas durante 40 minutos, volteándolas de vez en cuando. Servir caliente.

# Carne De Res Con Leche De Coco

**Para 4 personas**

**Ingredientes**

5 cucharadas de aceite vegetal refinado

675 g de ternera cortada en tiras de 5 cm de largo

3 cebollas grandes, finamente picadas

8 dientes de ajo, finamente picados

Raíz de jengibre, de 2,5 cm de largo, finamente picada

2 chiles verdes, cortados a lo largo

2 cucharaditas de cilantro molido

2 cucharaditas de comino molido

canela 2,5 cm

Sal al gusto

500ml/16oz de agua

500ml/16oz de leche de coco

**método**

- Calienta 3 cucharadas de aceite en una sartén. Agrega las tiras de carne en tandas y fríe a fuego lento durante 12-15 minutos, volteándolas de vez en cuando. Colar y reservar.

- Calienta el aceite restante en una olla. Agrega la cebolla, el ajo, el jengibre y los chiles verdes. Freír a fuego medio durante 2-3 minutos.

- Agrega las tiras de carne frita, el cilantro molido, el comino molido, la canela, la sal y el agua. Guisar durante 40 minutos.

- Agrega la leche de coco. Cocine por 20 minutos, revolviendo frecuentemente. Servir caliente.

# Brocheta De Cerdo

**Para 4 personas**

## Ingredientes

100 ml de aceite de mostaza

3 cucharadas de jugo de limón

1 cebolla pequeña, picada

2 cucharaditas de pasta de ajo

1 cucharadita de mostaza en polvo

1 cucharadita de pimienta negra molida

Sal al gusto

600 g de carne de cerdo deshuesada, cortada en trozos de 3,5 cm de
grosor

## método

- Mezcle todos los ingredientes excepto la carne de cerdo. Marina la carne de cerdo en esta mezcla durante la noche.

- Rellene la brocheta con la carne de cerdo marinada y cocine a la parrilla durante 30 minutos. Servir caliente.

# Carne frita con chile

**Para 4 personas**

## Ingredientes

750 g/1 lb 10 oz de carne de res, cortada en trozos de 2,5 cm

6 granos de pimienta negra

3 cebollas grandes, en rodajas

1 litro/1¾ pintas de agua

Sal al gusto

4 cucharadas de aceite vegetal refinado

Raíz de jengibre, de 2,5 cm de largo, finamente picada

8 dientes de ajo, finamente picados

4 chiles verdes

1 cucharada de jugo de limón

50 g de hojas de cilantro

**método**

- Mezclar la carne con los granos de pimienta, 1 cebolla, agua y sal. Cocina esta mezcla en una olla a fuego medio durante 40 minutos. Colar y reservar. Reserva tu stock.

- Calienta el aceite en una olla. Freír la cebolla restante a fuego medio hasta que esté dorada. Agrega el jengibre, el ajo y los chiles verdes. Freír durante 4-5 minutos.

- Agregue el jugo de limón y la mezcla de carne. Continúe cocinando durante 7-8 minutos. Añadir caldo reservado.

- Cubra con una tapa y cocine a fuego lento durante 40 minutos, revolviendo ocasionalmente. Agregue las hojas de cilantro y mezcle bien. Servir caliente.

# Huevos escoceses de ternera

**Para 4 personas**

## Ingredientes

500 g/1 libra 2 oz de carne de res, molida

Sal al gusto

1 litro/1¾ pintas de agua

3 cucharadas de besan*

1 huevo batido

25 g/hojas pequeñas de menta de 1 oz, finamente picadas

25 g/hojas pequeñas de cilantro de 1 oz, picadas

8 huevos duros

Aceite vegetal refinado para freír

## método

- Mezclar la carne con sal y agua. Cocina en una olla a fuego lento durante 45 minutos. Triturar hasta obtener una pasta y mezclar con besan, huevo batido, menta y hojas de cilantro. Envuelva esta mezcla alrededor de los huevos cocidos.

- Calienta el aceite en el sarten. Agrega los huevos envueltos y sofríelos a fuego medio hasta que estén dorados. Servir caliente.

# Cecina de ternera estilo malabar

**Para 4 personas**

## Ingredientes

675 g/1 ½ lb de carne de res picada

4 cucharadas de aceite vegetal refinado

3 cebollas grandes, en rodajas

1 tomate, finamente picado

100 g/3½ oz de coco seco

1 cucharadita de chile en polvo

1 cucharadita de garam masala

1 cucharadita de cilantro molido

1 cucharadita de comino molido

Sal al gusto

1 litro/1¾ pintas de agua

## Para la mezcla de especias:

Raíz de jengibre de 3,5 cm/1½ pulgada de largo

6 chiles verdes

1 cucharada de cilantro molido

10 hojas de curry

1 cucharada de pasta de ajo

**método**

- Mezcle todos los ingredientes de la mezcla de especias hasta obtener una pasta espesa. Marina la carne en esta mezcla durante una hora.
- Calienta el aceite en una olla. Freír la cebolla a fuego medio hasta que se dore. Agrega la carne y sofríe durante 6-7 minutos.
- Agrega los ingredientes restantes. Cocine por 40 minutos y sirva caliente.

# Chuletas de cordero moghlai

**Para 4 personas**

## Ingredientes

Raíz de jengibre de 5 cm de largo.

8 dientes de ajo

6 chiles rojos secos

2 cucharaditas de jugo de limón

Sal al gusto

8 chuletas de cordero, machacadas y aplanadas

150 g de ghee

2 patatas grandes, en rodajas y fritas

2 cebollas grandes

## método

- Muele el jengibre, el ajo y los chiles rojos con jugo de limón, sal y suficiente agua hasta formar una pasta suave. Marina las chuletas en esta mezcla durante 4-5 horas.

- Calienta el ghee en una sartén. Agrega las chuletas marinadas y sofríe a fuego medio durante 8-10 minutos.

- Agrega la cebolla y las patatas fritas. Cocine por 15 minutos. Servir caliente.

# Carne De Res Con Okra

**Para 4 personas**

## Ingredientes

4½ cucharadas de aceite vegetal refinado

200 gramos de okra

2 cebollas grandes, finamente picadas

Raíz de jengibre, de 2,5 cm de largo, finamente picada

4 dientes de ajo, finamente picados

750 g/1 lb 10 oz de carne de res, cortada en trozos de 2,5 cm

4 chiles rojos secos

1 cucharada de cilantro molido

½ cucharada de comino molido

1 cucharadita de garam masala

2 tomates, finamente picados

Sal al gusto

1 litro/1¾ pintas de agua

**método**

- Calienta 2 cucharadas de aceite en una sartén. Agrega la okra y fríe a fuego medio hasta que esté crujiente y dorada. Colar y reservar.

- Calienta el aceite restante en una olla. Freír la cebolla a fuego medio hasta que esté transparente. Agrega el jengibre y el ajo. Freír por un minuto.

- Agrega la carne. Freír durante 5-6 minutos. Agregue todos los ingredientes restantes y la okra. Cocine a fuego lento durante 40 minutos, revolviendo con frecuencia. Servir caliente.

# Carne De Res

*(Carne cocida con coco y vinagre)*

**Para 4 personas**

## Ingredientes

675 g/1 ½ lb de carne de res picada

Sal al gusto

1 litro/1¾ pintas de agua

1 cucharadita de cúrcuma

½ cucharadita de pimienta negra

½ cucharadita de semillas de comino

5-6 dientes

canela 2,5 cm

12 dientes de ajo, finamente picados

Raíz de jengibre, de 2,5 cm de largo, finamente picada

100 g/3½ oz de coco fresco rallado

6 cucharadas de vinagre de malta

5 cucharadas de aceite vegetal refinado

2 cebollas grandes, finamente picadas

**método**

- Mezcla la carne con sal y agua y cocina en una olla a fuego medio durante 45 minutos, revolviendo ocasionalmente. Poner a un lado.

- Muele los ingredientes restantes excepto el aceite y la cebolla.

- Calienta el aceite en una olla. Agrega la mezcla molida y la cebolla.

- Freír a fuego medio durante 3-4 minutos. Agrega la mezcla de carne. Cocine a fuego lento durante 20 minutos, revolviendo ocasionalmente. Servir caliente.

# Badami Gosht

*(Cordero con Almendras)*

**Para 4 personas**

## Ingredientes

5 cucharadas de ghee

3 cebollas grandes, finamente picadas

12 dientes de ajo machacados

Raíz de jengibre de 3,5 cm/1½ pulgada de largo, finamente picada

750 g/1 libra 10 oz de cordero, picado

75 g/2½ oz de almendras molidas

1 cucharada de garam masala

Sal al gusto

250 g de yogur

360 ml/12 oz de leche de coco

500ml/16oz de agua

**método**

- Calienta el ghee en una olla. Agrega todos los ingredientes excepto el yogur, la leche de coco y el agua. Mezclar bien. Freír a fuego lento durante 10 minutos.
- Agrega los ingredientes restantes. Guisar durante 40 minutos. Servir caliente.

# Carne asada india

**Para 4 personas**

## Ingredientes

30 g/1 oz de queso cheddar rallado

½ cucharadita de pimienta negra molida

1 cucharadita de chile en polvo

10 g de hojas de cilantro picadas

10 g/¼ oz de hojas de menta, finamente picadas

1 cucharadita de pasta de jengibre

1 cucharadita de pasta de ajo

25 g / menos de 1 onza de pan rallado

1 huevo batido

Sal al gusto

675 g de ternera deshuesada, aplanada y cortada en 8 trozos

5 cucharadas de aceite vegetal refinado

500ml/16oz de agua

**método**

- Mezclar todos los ingredientes excepto la carne, el aceite y el agua.
- Aplique esta mezcla a un lado de cada trozo de carne. Enrolle cada uno de ellos en un rollo y átelos con una cuerda para cerrar.
- Calienta el aceite en una olla. Agrega los bollos y sofríe a fuego medio durante 8 minutos. Añade agua y mezcla bien. Guisar durante 30 minutos. Servir caliente.

# Chuletas de Khatta Pudin

*(chuletas de menta picantes)*

**Para 4 personas**

## Ingredientes

1 cucharadita de comino molido

1 cucharada de pimienta blanca molida

2 cucharaditas de garam masala

5 cucharadas de jugo de limón

4 cucharadas de nata líquida

150 g de yogur

250 ml de chutney de menta

2 cucharadas de harina de maíz

¼ de papaya pequeña, molida

1 cucharada de pasta de ajo

1 cucharada de pasta de jengibre

1 cucharadita de fenogreco molido

Sal al gusto

675 g de chuletas de cordero

Aceite vegetal refinado para verter.

**método**

- Mezclar todos los ingredientes excepto las chuletas de cordero y el aceite. Marina las chuletas en esta mezcla durante 5 horas.
- Unte las chuletas con aceite y cocine a la parrilla durante 15 minutos. Servir caliente.

# filete de ternera indio



## Ingredientes

675 g/1 ½ lb de carne de res cortada en filetes

Raíz de jengibre de 3,5 cm/1½ pulgada de largo, finamente picada

12 dientes de ajo, finamente picados

2 cucharadas de pimienta negra molida

4 cebollas medianas, finamente picadas

4 chiles verdes, finamente picados

3 cucharadas de vinagre

750 ml/1¼ litro de agua

Sal al gusto

5 cucharadas de aceite vegetal refinado, más extra para freír

## método

- Mezclar todos los ingredientes excepto el aceite para freír en una olla.
- Cubra con una tapa hermética y cocine a fuego lento durante 45 minutos, revolviendo ocasionalmente.
- Calienta el aceite restante en una sartén. Agregue la mezcla de bistec cocido y cocine a fuego medio durante 5 a 7 minutos, volteando ocasionalmente. Servir caliente.

# Cordero en salsa verde

**Para 4 personas**

## Ingredientes

4 cucharadas de aceite vegetal refinado

3 cebollas grandes, ralladas

1 ½ cucharaditas de pasta de jengibre

1 cucharadita de pasta de ajo

675 g de cordero cortado en trozos de 2,5 cm de largo

½ cucharadita de canela molida

½ cucharadita de clavo molido

½ cucharadita de cardamomo negro molido

6 chiles rojos secos, molidos

2 cucharaditas de cilantro molido

½ cucharadita de comino molido

10 g/¼ oz de hojas de cilantro, finamente picadas

4 tomates, puré

Sal al gusto

500ml/16oz de agua

**método**

- Calienta el aceite en una olla. Agrega la cebolla, la pasta de jengibre y la pasta de ajo. Freír a fuego medio durante 2-3 minutos.

- Agregue todos los ingredientes restantes excepto el agua. Mezclar bien y freír durante 8-10 minutos. Agrega agua. Cubra con una tapa y cocine a fuego lento durante 40 minutos, revolviendo ocasionalmente. Servir caliente.

# Carne De Cordero Fácil

**Para 4 personas**

## Ingredientes

3 cucharadas de aceite de mostaza

2 cebollas grandes, finamente picadas

Raíz de jengibre, de 7,5 cm de largo, finamente picada

2 cucharaditas de pimienta negra molida gruesa

2 cucharaditas de comino molido

Sal al gusto

1 cucharadita de cúrcuma

750 g/1 libra 10 oz de cordero molido

500ml/16oz de agua

## método

- Calienta el aceite en una olla. Agrega la cebolla, el jengibre, la pimienta, el comino molido, la sal y la cúrcuma. Freír durante 2 minutos. Agrega la carne picada. Freír durante 8-10 minutos.
- Agrega agua. Mezclar bien y cocinar a fuego lento durante 30 minutos. Servir caliente.

# Sorpotel de Cerdo

*(Hígado de cerdo cocido en salsa de Goa)*

**Para 4 personas**

## Ingredientes

250 ml/8 oz de vinagre de malta

8 chiles rojos secos

10 granos de pimienta negra

1 cucharadita de semillas de comino

1 cucharada de semillas de cilantro

1 cucharadita de cúrcuma

500 g/1 libra 2 oz de carne de cerdo

250 g de hígado

Sal al gusto

1 litro/1¾ pintas de agua

120ml/4oz de aceite vegetal refinado

Raíz de jengibre, de 5 cm de largo, finamente picada

20 dientes de ajo, finamente picados

6 chiles verdes, cortados a lo largo

**método**

- Muele la mitad del vinagre con chiles rojos, granos de pimienta, comino, cilantro y cúrcuma hasta obtener una pasta fina. Poner a un lado.

- Mezclar la carne de cerdo y el hígado con sal y agua. Cocina en una olla por 30 minutos. Colar y reservar el caldo. Cortar la carne de cerdo y el hígado en cubos. Poner a un lado.

- Calienta el aceite en una olla. Agrega la carne cortada en cubitos y sofríe a fuego lento durante 12 minutos. Agrega la pasta y todos los demás ingredientes. Mezclar bien.

- Freír durante 15 minutos. Agrega el caldo. Guisar durante 15 minutos. Servir caliente.

# Cordero Marinado

**Para 4 personas**

## Ingredientes

750 g de cordero cortado en tiras finas

Sal al gusto

1 litro/1¾ pintas de agua

6 cucharadas de aceite vegetal refinado

1 cucharadita de cúrcuma

4 cucharadas de jugo de limón

2 cucharadas de comino molido, tostado en seco

4 cucharadas de semillas de sésamo molidas

Raíz de jengibre, de 7,5 cm de largo, finamente picada

12 dientes de ajo, finamente picados

## método

- Mezclar el cordero con sal y agua y cocinar en una olla a fuego medio durante 40 minutos. Colar y reservar.
- Calienta el aceite en el sarten. Agrega el cordero y sofríe a fuego medio durante 10 minutos. Colar y mezclar con los ingredientes restantes. Servir frío.

# Haleema

*(Cordero cocinado al estilo persa)*

**Para 4 personas**

## Ingredientes

500 g de trigo remojado durante 2-3 horas y escurrido

1,5 litros/2¾ pintas de agua

Sal al gusto

500 g de cordero cortado en cubos

4-5 cucharadas de ghee

3 cebollas grandes, en rodajas

1 cucharadita de pasta de jengibre

1 cucharadita de pasta de ajo

1 cucharadita de cúrcuma

1 cucharadita de garam masala

**método**

- Mezclar el trigo con 250 ml de agua y una pizca de sal. Cocina en una olla a fuego medio durante 30 minutos. Triturar bien y reservar.

- Cuece el cordero con el resto del agua y la sal en una olla durante 45 minutos. Colar y triturar hasta obtener una pasta fina. Reserva tu stock.

- Calienta el ghee. Freír la cebolla a fuego lento hasta que se dore. Agrega la pasta de jengibre, la pasta de ajo, la cúrcuma y la carne picada. Freír durante 8 minutos. Agrega el trigo, el caldo y el garam masala. Cocine por 20 minutos. Servir caliente.

# Chuletas de cordero masala verde

**Para 4 personas**

## Ingredientes

675 g de chuletas de cordero

Sal al gusto

1 cucharadita de cúrcuma

500ml/16oz de agua

2 cucharadas de cilantro molido

1 cucharadita de comino molido

1 cucharada de pasta de jengibre

1 cucharada de pasta de ajo

100 g de hojas de cilantro molidas

1 cucharadita de jugo de limón

1 cucharadita de pimienta negra molida

1 cucharadita de garam masala

60 g de harina blanca normal

Aceite vegetal refinado para freír.

2 huevos batidos

50 g de pan rallado

**método**

- Mezclar el cordero con sal, cúrcuma y agua. Cocina en una olla a fuego medio durante 30 minutos. Colar y reservar.
- Mezclar el resto de ingredientes excepto la harina, el aceite, los huevos y el pan rallado.
- Extienda la mezcla sobre las chuletas y espolvoree con harina.
- Calienta el aceite en el sarten. Pasar las chuletas por huevo, rebozarlas en pan rallado y freírlas hasta que estén doradas. Voltear y repetir. Servir caliente.

# Hígado de cordero con fenogreco

**Para 4 personas**

## Ingredientes

4 cucharadas de aceite vegetal refinado

2 cebollas grandes, finamente picadas

¾ cucharadita de pasta de jengibre

¾ cucharadita de pasta de ajo

50 g de hojas de fenogreco picadas

600 g/1 libra 5 oz de hígado de cordero, cortado en cubitos

3 tomates, finamente picados

1 cucharadita de garam masala

120ml/4oz de agua caliente

1 cucharada de jugo de limón

Sal al gusto

## método

- Calienta el aceite en una olla. Freír la cebolla a fuego medio hasta que esté transparente. Agrega la pasta de jengibre y la pasta de ajo. Freír durante 1-2 minutos.
- Agrega las hojas de fenogreco y el hígado. Freír durante 5 minutos.

- Agrega los ingredientes restantes. Cocine por 40 minutos y sirva caliente.

# hussaini de ternera

*(Carne de res cocida en salsa del norte de la India)*

**Para 4 personas**

## Ingredientes

4 cucharadas de aceite vegetal refinado

675 g/1 ½ lb de carne de res, finamente picada

125 g de yogur

Sal al gusto

750 ml/1¼ litro de agua

## Para la mezcla de especias:

4 cebollas grandes

8 dientes de ajo

Raíz de jengibre de 2,5 cm de largo

2 cucharaditas de garam masala

1 cucharadita de cúrcuma

2 cucharaditas de cilantro molido

1 cucharadita de comino molido

**método**

- Licue los ingredientes de la mezcla de especias hasta obtener una pasta espesa.

- Calienta el aceite en una olla. Agrega la pasta y sofríe a fuego medio durante 4-5 minutos. Agrega la carne. Mezclar bien y freír durante 8-10 minutos.

- Agrega el yogur, la sal y el agua. Mezclar bien. Cubra con una tapa y cocine a fuego lento durante 40 minutos, revolviendo ocasionalmente. Servir caliente.

# Meti el cordero

*(Cordero con Fenogreco)*

**Para 4 personas**

## Ingredientes

120ml/4oz de aceite vegetal refinado

1 cebolla grande, finamente picada

6 dientes de ajo, finamente picados

600 g de cordero cortado en cubos

50 g/1¾ oz de hojas frescas de fenogreco, finamente picadas

½ cucharadita de cúrcuma

1 cucharadita de cilantro molido

125 g de yogur

600 ml/1 litro de agua

½ cucharadita de cardamomo verde molido

Sal al gusto

**método**

- Calienta el aceite en una olla. Agrega la cebolla y el ajo y sofríe a fuego medio durante 4 minutos.
- Agrega el cordero. Freír durante 7-8 minutos. Agrega los ingredientes restantes. Mezclar bien y cocinar a fuego lento durante 45 minutos. Servir caliente.

# carne de vacuno

*(Carne de res cocida en salsa de las Indias Orientales)*

**Para 4 personas**

## Ingredientes

675 g/1 ½ libra de carne de res, picada

canela 2,5 cm

6 dientes

Sal al gusto

1 litro/1¾ pintas de agua

5 cucharadas de aceite vegetal refinado

3 patatas grandes, cortadas en rodajas

## Para la mezcla de especias:

60ml/2oz de vinagre de malta

3 cebollas grandes

Raíz de jengibre de 2,5 cm de largo

8 dientes de ajo

½ cucharadita de cúrcuma

2 chiles rojos secos

2 cucharaditas de semillas de comino

**método**

- Mezclar la carne con canela, clavo, sal y agua. Cocina en una olla a fuego medio durante 45 minutos. Poner a un lado.
- Muele los ingredientes de la mezcla de especias hasta obtener una pasta espesa.
- Calienta el aceite en una olla. Agrega la pasta de la mezcla de especias y sofríe a fuego lento durante 5-6 minutos. Agrega la carne y las patatas. Mezclar bien. Cocine por 15 minutos y sirva caliente.

# Cazuela De Cordero

**Para 4 personas**

## Ingredientes

3 cucharadas de aceite vegetal refinado

2 cebollas grandes, finamente picadas

4 dientes de ajo, finamente picados

500 g/1 libra 2 oz de cordero, picado

2 cucharaditas de comino molido

6 cucharadas de puré de tomate

150 g de frijoles enlatados

250 ml de caldo de carne

Pimienta negra molida al gusto

Sal al gusto

## método

- Calienta el aceite en una olla. Agrega la cebolla y el ajo y sofríe a fuego medio durante 2-3 minutos. Agrega la carne picada y sofríe por 10 minutos. Agrega los ingredientes restantes. Mezclar bien y cocinar a fuego lento durante 30 minutos.

- Transfiera a una fuente refractaria. Hornee en un horno precalentado a 180°C (350°F, marca de gas 4) durante 25 minutos. Servir caliente.

# Cordero con sabor a cardamomo

**Para 4 personas**

## Ingredientes

Sal al gusto

200 g de yogur

1 ½ cucharadas de pasta de jengibre

2½ cucharaditas de pasta de ajo

2 cucharadas de cardamomo verde molido

675 g de cordero cortado en trozos de 3,5 cm de largo

6 cucharadas de ghee

6 dientes

Canela 7,5 cm, molida gruesa

4 cebollas grandes, finamente picadas

½ cucharadita de azafrán remojada en 2 cucharadas de leche

1 litro/1¾ pintas de agua

125 g de nueces tostadas

**método**

- Mezcla sal, yogur, pasta de jengibre, pasta de ajo y cardamomo. Marina la carne en esta mezcla durante 2 horas.

- Calienta el ghee en una olla. Agrega clavo y canela. Déjalos balbucear durante 15 segundos.

- Agrega la cebolla. Freír durante 3-4 minutos. Añade la carne marinada, el azafrán y el agua. Mezclar bien. Cubra con una tapa y cocine a fuego lento durante 40 minutos.

- Servir caliente, decorado con nueces.

# jema

*(Carne molida)*

**Para 4 personas**

## Ingredientes

5 cucharadas de aceite vegetal refinado

4 cebollas grandes, finamente picadas

1 cucharadita de pasta de jengibre

1 cucharadita de pasta de ajo

3 tomates, finamente picados

2 cucharaditas de garam masala

200 g de guisantes congelados

Sal al gusto

675 g/1 ½ libra de carne molida

500ml/16oz de agua

## método

- Calienta el aceite en una olla. Agrega la cebolla y sofríe
  a fuego medio hasta que esté dorada. Agregue la pasta
  de jengibre, la pasta de ajo, los tomates, el garam
  masala, los guisantes y la sal. Mezclar bien. Freír
  durante 3-4 minutos.

- Agregue la carne y el agua. Mezclar bien. Cocine por 40 minutos y sirva caliente.

# Cerdo Frito Picante

**Para 4 personas**

## Ingredientes

675 g/1 ½ lb de carne de cerdo picada

2 cebollas grandes, finamente picadas

1 cucharadita de aceite vegetal refinado

1 litro/1¾ pintas de agua

Sal al gusto

## Para la mezcla de especias:

250 ml/8 onzas de vinagre

2 cebollas grandes

1 cucharada de pasta de jengibre

1 cucharada de pasta de ajo

1 cucharada de pimienta negra molida

1 cucharada de chile verde

1 cucharada de cúrcuma

1 cucharada de chile en polvo

1 cucharada de clavo

5 cm/2 pulgadas de canela

1 cucharada de vainas de cardamomo verde

**método**

- Muele los ingredientes de la mezcla de especias hasta obtener una pasta espesa.
- Mezclar con los ingredientes restantes en una olla. Cubra con una tapa hermética y cocine a fuego lento durante 50 minutos. Servir caliente.

# Tandoori Raan

*(Pierna de Cordero Picante Cocinada en Tandoor)*

**Para 4 personas**

## Ingredientes

675 g/1 ½ libra de pierna de cordero

400 g de yogur

2 cucharadas de jugo de limón

2 cucharaditas de pasta de jengibre

2 cucharaditas de pasta de ajo

1 cucharadita de clavo molido

1 cucharadita de canela molida

2 cucharaditas de chile en polvo

1 cucharadita de nuez moscada, rallada

Una pizca de maza

Sal al gusto

Aceite vegetal refinado para verter.

**método**

- Pinchar el cordero con un tenedor por todas partes.
- Mezclar bien los ingredientes restantes, aparte del aceite. Marina el cordero en esta mezcla durante 4-6 horas.
- Hornee el cordero en un horno precalentado a 180 °C (350 °F, marca de gas 4) durante 1,5 a 2 horas, rociándolo ocasionalmente. Servir caliente.

# Cordero Talaa

*(cordero frito)*

**Para 4 personas**

## Ingredientes

675 g de cordero cortado en trozos de 5 cm de largo

Sal al gusto

1 litro/1¾ pintas de agua

4 cucharadas de ghee

2 cebollas grandes, cortadas en rodajas

## Para la mezcla de especias:

8 chiles secos

1 cucharadita de cúrcuma

1 ½ cucharadas de garam masala

2 cucharaditas de semillas de amapola

3 cebollas grandes, finamente picadas

1 cucharadita de pasta de tamarindo

**método**

- Mezcle los ingredientes de la mezcla de especias con agua hasta obtener una pasta espesa.

- Mezclar esta pasta con carne, sal y agua. Cocina en una olla a fuego medio durante 40 minutos. Poner a un lado.

- Calienta el ghee en una olla. Agrega la cebolla y sofríe a fuego medio hasta que esté dorada. Agrega la mezcla de carne. Cocine a fuego lento durante 6-7 minutos y sirva caliente.

# lengua ahogada

**Para 4 personas**

## Ingredientes

900 g/2 lb de lengua de res

Sal al gusto

1 litro/1¾ pintas de agua


1 cucharadita de ghee

3 cebollas grandes, finamente picadas

Raíz de jengibre, 5 cm de largo, cortada en juliana

4 tomates, finamente picados

125 g de guisantes congelados

10 g/¼ oz de hojas de menta, finamente picadas

1 cucharadita de vinagre de malta

1 cucharadita de pimienta negra molida

½ cucharada de garam masala

**método**

- Coloca la lengua en una olla con sal y agua y cocina a fuego medio durante 45 minutos. Colar y enfriar un rato. Pelar la piel y cortar en tiras. Poner a un lado.

- Calienta el ghee en una olla. Agrega la cebolla y el jengibre y sofríe a fuego medio durante 2-3 minutos. Agrega la lengua cocida y todos los ingredientes restantes. Guisar durante 20 minutos. Servir caliente.

# Rollitos de cordero frito

**Para 4 personas**

## Ingredientes

75 g/2½ oz de queso cheddar rallado

½ cucharadita de pimienta negra molida

1 cucharadita de pasta de jengibre

1 cucharadita de pasta de ajo

3 huevos batidos

50 g de hojas de cilantro picadas


100 g de pan rallado

Sal al gusto

675 g de cordero deshuesado, cortado en trozos de 10 cm de largo y
   aplanado

4 cucharadas de ghee

250ml/8oz de agua

**método**

- Mezcle todos los ingredientes excepto la carne, el ghee y el agua. Aplicar la mezcla a un lado de los trozos de carne. Enrolla bien cada pieza y átala con una cuerda.

- Calienta el ghee en una sartén. Agrega los rollitos de cordero y sofríe a fuego medio hasta que estén dorados. Agrega agua. Cocine por 15 minutos y sirva caliente.

# Masala de hígado frito

**Para 4 personas**

## Ingredientes

4 cucharadas de aceite vegetal refinado

675 g de hígado de cordero, cortado en tiras de 5 cm de largo

2 cucharadas de jengibre, picado en juliana

15 dientes de ajo, finamente picados

8 chiles verdes, cortados a lo largo

2 cucharaditas de comino molido

1 cucharadita de cúrcuma

125 g de yogur

1 cucharadita de pimienta negra molida

Sal al gusto

50 g de hojas de cilantro picadas

Jugo de 1 limón

**método**

- Calienta el aceite en una olla. Agrega las tiras de hígado y sofríelas a fuego medio durante 10-12 minutos.

- Agrega el jengibre, el ajo, los chiles verdes, el comino y la cúrcuma. Freír durante 3-4 minutos. Agrega el yogur, la pimienta y la sal. Freír durante 6-7 minutos.

- Agrega las hojas de cilantro y el jugo de limón. Freír a fuego lento durante 5-6 minutos. Servir caliente.

# Lengua de ternera picante

**Para 4 personas**

## Ingredientes

900 g/2 lb de lengua de res

Sal al gusto

1,5 litros/2¾ pintas de agua

2 cucharaditas de semillas de comino

12 dientes de ajo

5 cm/2 pulgadas de canela

4 dientes

6 chiles rojos secos

8 granos de pimienta negra

6 cucharadas de vinagre de malta

3 cucharadas de aceite vegetal refinado

2 cebollas grandes, finamente picadas

3 tomates, finamente picados

1 cucharadita de cúrcuma

**método**

- Hervir la lengua con sal y 1,2 litros de agua en una olla a fuego lento durante 45 minutos. Pelar la piel. Cortar las lenguas en cubos y reservar.

- Muele las semillas de comino, el ajo, la canela, los clavos, los chiles rojos secos y los granos de pimienta con vinagre hasta obtener una pasta suave. Poner a un lado.

- Calienta el aceite en una olla. Freír la cebolla a fuego medio hasta que esté transparente. Agrega la pasta molida, la lengua cortada en cubitos, los tomates, la cúrcuma y el agua restante. Cocine por 20 minutos y sirva caliente.

# Pasadas de cordero

*(Kebab de Cordero en Salsa de Yogurt)*

**Para 4 personas**

## Ingredientes

½ cucharada de aceite vegetal refinado

3 cebollas grandes, cortadas a lo largo

¼ de papaya verde pequeña, molida

200 g de yogur

2 cucharaditas de garam masala

Sal al gusto

750 g de cordero deshuesado, cortado en trozos de 5 cm

## método

- Calienta el aceite en una olla. Freír la cebolla a fuego lento hasta que se dore.

- Colar y moler la cebolla hasta formar una pasta. Mezclar con el resto de los ingredientes excepto el cordero. Marinar el cordero en esta mezcla durante 5 horas.

- Colóquelo en un molde para pastel y hornee en un horno precalentado a 180°C (350°F, marca de gas 4) durante 30 minutos. Servir caliente.

# Curry con cordero y manzana

**Para 4 personas**

## Ingredientes

5 cucharadas de aceite vegetal refinado

4 cebollas grandes, en rodajas

4 tomates grandes, blanqueados (ver<u>técnicas de cocina</u>)

½ cucharadita de pasta de ajo

2 cucharaditas de cilantro molido

2 cucharaditas de comino molido

1 cucharadita de chile en polvo

30 g/1 oz de anacardos molidos

750 g de cordero deshuesado, cortado en trozos de 2,5 cm de grosor

200 g de yogur

1 cucharadita de pimienta negra molida

Sal al gusto

750 ml/1¼ litro de agua

4 manzanas cortadas en trozos de 3,5 cm de diámetro

120ml/4oz de nata fresca

**método**

- Calienta el aceite en el sarten. Freír la cebolla a fuego lento hasta que se dore.
- Agrega los tomates, la pasta de ajo, el cilantro y el comino. Freír durante 5 minutos.
- Agrega el resto de los ingredientes excepto el agua, las manzanas y la nata. Mezclar bien y freír durante 8-10 minutos.
- Vierta agua. Guisar durante 40 minutos. Agrega las manzanas y mezcla durante 10 minutos. Agrega la nata y mezcla por otros 5 minutos. Servir caliente.

# Cordero seco al estilo Andhra



## Ingredientes

675 g/1 ½ libra de cordero, picado

4 cebollas grandes, finamente picadas

6 tomates, finamente picados

1 ½ cucharaditas de pasta de jengibre

1 ½ cucharaditas de pasta de ajo

50 g/1¾ oz de coco fresco rallado

2½ cucharadas de garam masala

½ cucharadita de pimienta negra molida

1 cucharadita de cúrcuma

Sal al gusto

500ml/16oz de agua

6 cucharadas de aceite vegetal refinado

## método

- Mezclar todos los ingredientes excepto el aceite. Cocina en una olla a fuego medio durante 40 minutos. Cuela la carne y desecha el caldo.

- Calienta el aceite en otra olla. Agrega la carne cocida y sofríe a fuego medio durante 10 minutos. Servir caliente.

# Curry de ternera sencillo

**Para 4 personas**

## Ingredientes

3 cucharadas de aceite vegetal refinado

2 cebollas grandes, finamente picadas

750 g/1 lb 10 oz de carne de res, cortada en trozos de 2,5 cm

1 cucharadita de pasta de jengibre

1 cucharadita de pasta de ajo

1 cucharadita de chile en polvo

½ cucharadita de cúrcuma

Sal al gusto

300 g de yogur

1,2 litros/2 pintas de agua

## método

- Calienta el aceite en una olla. Freír la cebolla a fuego lento hasta que se dore.
- Agrega el resto de los ingredientes excepto el yogur y el agua. Freír durante 6-7 minutos. Agrega el yogur y el agua. Guisar durante 40 minutos. Servir caliente.

# Gosht Korma

*(Rico Cordero en Salsa)*

**Para 4 personas**

## Ingredientes

3 cucharadas de semillas de amapola

75 g/2½ oz de anacardos

50 g/1¾ oz de coco seco

3 cucharadas de aceite vegetal refinado

1 cebolla grande, finamente picada

2 cucharadas de pasta de jengibre

2 cucharadas de pasta de ajo

675 g de cordero deshuesado, cortado en cubos

200 g de yogur

10 g de hojas de cilantro picadas

10 g/¼ oz de hojas de menta picadas

½ cucharadita de garam masala

Sal al gusto

1 litro/1¾ pintas de agua

**método**

- Tuesta en seco las semillas de amapola, los anacardos y el coco. Moler con suficiente agua para hacer una pasta espesa. Poner a un lado.

- Calienta el aceite en una olla. Freír la cebolla, la pasta de jengibre y la pasta de ajo a fuego medio durante 1-2 minutos.

- Agrega la pasta de amapola y el resto de los ingredientes excepto el agua. Mezclar bien y freír durante 5-6 minutos.

- Agrega agua. Cocine a fuego lento durante 40 minutos, revolviendo con frecuencia. Servir caliente.

# chuletas de erachi

*(Chuletas de cordero tiernas)*

**Para 4 personas**

## Ingredientes

750 g/1 lb 10 oz de chuletas de cordero

Sal al gusto

1 cucharadita de cúrcuma

1 litro/1¾ pintas de agua

2 cucharadas de aceite vegetal refinado

1 cucharadita de pasta de jengibre

1 cucharadita de pasta de ajo

3 cebollas grandes, en rodajas

5 chiles verdes, cortados a lo largo

2 tomates grandes, finamente picados

½ cucharadita de cilantro molido

1 cucharada de pimienta negra molida

1 cucharada de jugo de limón

2 cucharadas de hojas de cilantro picadas

**método**

- Marina las chuletas de cordero en sal y cúrcuma durante 2-3 horas.

- Cuece la carne con agua a fuego lento durante 40 minutos. Poner a un lado.

- Calienta el aceite en una olla. Agrega la pasta de jengibre, la pasta de ajo, la cebolla y los chiles verdes y sofríe a fuego medio durante 3-4 minutos.

- Agrega los tomates, el cilantro molido y la pimienta. Mezclar bien. Freír durante 5-6 minutos. Agrega el cordero y sofríe durante 10 minutos.

- Adorne con jugo de limón y hojas de cilantro. Servir caliente.

# Carne rostizada

**Para 4 personas**

## Ingredientes

3 cucharadas de aceite vegetal refinado

2 cebollas grandes, finamente picadas

6 dientes de ajo, finamente picados

600 g/1 libra 5 oz de cordero, picado

2 cucharaditas de comino molido

125 g de puré de tomate

600 g/1 libra de frijoles enlatados de 5 oz

500 ml de caldo de oveja

½ cucharadita de pimienta negra molida

Sal al gusto

## método

- Calienta el aceite en una olla. Agrega la cebolla y el ajo. Freír a fuego lento durante 2-3 minutos. Agrega los ingredientes restantes. Guisar durante 30 minutos.
- Transfiera a una fuente refractaria y hornee en un horno precalentado a 200 °C (400 °F, marca de gas 6) durante 25 minutos. Servir caliente.

# Kaleji a Pyaaza

*(Hígado con Cebolla)*

**Para 4 personas**

## Ingredientes

4 cucharadas de ghee

3 cebollas grandes, finamente picadas

Raíz de jengibre, de 2,5 cm de largo, finamente picada

10 dientes de ajo, finamente picados

4 chiles verdes, cortados a lo largo

1 cucharadita de cúrcuma

3 tomates, finamente picados

750 g/1 libra 10 oz de hígado de cordero, cortado en cubitos

2 cucharaditas de garam masala

200 g de yogur

Sal al gusto

250ml/8oz de agua

**método**

- Calienta el ghee en una olla. Agrega la cebolla, el jengibre, el ajo, la guindilla verde y la cúrcuma y sofríe a fuego medio durante 3-4 minutos. Agregue todos los ingredientes restantes excepto el agua. Mezclar bien. Freír durante 7-8 minutos.

- Agrega agua. Cocine a fuego lento durante 30 minutos, revolviendo ocasionalmente. Servir caliente.

# Cordero con hueso



**Para 4 personas**

## Ingredientes

30 g de hojas de menta, finamente picadas

3 chiles verdes, finamente picados

12 dientes de ajo, finamente picados

Jugo de 1 limón

675 g de pierna de cordero cortada en 4 trozos

5 cucharadas de aceite vegetal refinado

Sal al gusto

500ml/16oz de agua

1 cebolla grande, finamente picada

4 patatas grandes, cortadas en cubos

5 berenjenas pequeñas, cortadas en mitades

3 tomates, finamente picados

**método**

- Muele las hojas de menta, los chiles verdes y el ajo con suficiente agua para hacer una pasta suave. Agrega el jugo de limón y mezcla bien.
- Marina la carne en esta mezcla durante 30 minutos.
- Calienta el aceite en una olla. Agrega la carne marinada y sofríe a fuego lento durante 8-10 minutos. Agrega sal y agua y cocina por 30 minutos.
- Agrega todos los ingredientes restantes. Cocine por 15 minutos y sirva caliente.

# Vindaloo de ternera

*(Cury con ternera de Goa)*

**Para 4 personas**

## Ingredientes

3 cebollas grandes, finamente picadas

Raíz de jengibre de 5 cm de largo.

10 dientes de ajo

1 cucharada de semillas de comino

½ cucharada de cilantro molido

2 cucharaditas de chile rojo

½ cucharadita de semillas de fenogreco

½ cucharadita de semillas de mostaza

60ml/2oz de vinagre de malta

Sal al gusto

675 g de ternera deshuesada, cortada en trozos de 2,5 cm de grosor

3 cucharadas de aceite vegetal refinado

1 litro/1¾ pintas de agua

**método**

- Mezcle todos los ingredientes excepto la carne, el aceite y el agua hasta obtener una pasta espesa. Marina la carne con esta pasta durante 2 horas.
- Calienta el aceite en una olla. Agrega la carne marinada y sofríe a fuego lento durante 7-8 minutos. Agrega agua. Cocine a fuego lento durante 40 minutos, revolviendo ocasionalmente. Servir caliente.

# Curry con ternera



## Ingredientes

4 cucharadas de aceite vegetal refinado

3 cebollas grandes, ralladas

1 ½ cucharadas de comino molido

1 cucharadita de cúrcuma

1 cucharadita de chile en polvo

½ cucharada de pimienta negra molida

4 tomates medianos, puré

675 g de carne magra de ternera cortada en trozos de 2,5 cm de grosor

Sal al gusto

1 ½ cucharaditas de hojas secas de fenogreco

250ml/8oz de crema única

**método**

- Calienta el aceite en una olla. Agrega la cebolla y sofríela a fuego medio hasta que se dore.
- Agrega el resto de los ingredientes excepto las hojas de fenogreco y la crema.
- Mezclar bien y cocinar por 40 minutos. Agrega las hojas de fenogreco y la crema. Cocine por 5 minutos y sirva caliente.

# Cordero Con Calabaza

**Para 4 personas**

## Ingredientes

750 g/1 libra 10 oz de cordero, picado

200 g de yogur

Sal al gusto

2 cebollas grandes

Raíz de jengibre de 2,5 cm de largo

7 dientes de ajo

5 cucharadas de ghee

¾ cucharadita de cúrcuma

1 cucharadita de garam masala

2 hojas de laurel

750 ml/1¼ litro de agua

400 g de calabaza, cocida y licuada

**método**

- Marinar el cordero en yogur y sal durante 1 hora.
- Muele la cebolla, el jengibre y el ajo con suficiente agua hasta formar una pasta espesa. Calienta el ghee en una olla. Agrega la pasta junto con la cúrcuma y sofríe durante 3-4 minutos.
- Agrega el garam masala, las hojas de laurel y el cordero. Freír durante 10 minutos.
- Agrega agua y calabaza. Cocine por 40 minutos y sirva caliente.

# Gusztab

*(cordero al estilo cachemir)*

**Para 4 personas**

## Ingredientes

675 g de cordero deshuesado

6 vainas de cardamomo negro

Sal al gusto

4 cucharadas de ghee

4 cebollas grandes, cortadas en aros

600g/1lb y 5oz de yogur

1 cucharadita de semillas de hinojo molidas

1 cucharada de canela molida

1 cucharada de clavo molido

1 cucharada de hojas de menta trituradas

**método**

- Batir el cordero con cardamomo y sal hasta que esté suave. Dividir en 12 bolas y reservar.
- Calienta el ghee en una olla. Freír la cebolla a fuego lento hasta que se dore. Agrega el yogur y cocina a fuego lento durante 8-10 minutos, revolviendo constantemente.
- Agrega las albóndigas y todos los ingredientes restantes excepto las hojas de menta. Guisar durante 40 minutos. Servir decorado con hojas de menta.

# Cordero con una mezcla de verduras y hierbas.

**Para 4 personas**

## Ingredientes

5 cucharadas de aceite vegetal refinado

3 cebollas grandes, finamente picadas

750 g/1 libra 10 oz de cordero, cortado en cubitos

50 g de hojas de amaranto*, picado muy fino

100 g de hojas de espinaca finamente picadas

50 g de hojas de fenogreco picadas

50 g de hojas de eneldo finamente picadas

50 g de hojas de cilantro picadas

1 cucharadita de pasta de jengibre

1 cucharadita de pasta de ajo

3 chiles verdes, finamente picados

1 cucharadita de cúrcuma

2 cucharaditas de cilantro molido

1 cucharadita de comino molido

Sal al gusto

1 litro/1¾ pintas de agua

**método**

- Calienta el aceite en una olla. Freír la cebolla a fuego medio hasta que se dore. Agrega los ingredientes restantes excepto el agua. Freír durante 12 minutos.
- Agrega agua. Cocine por 40 minutos y sirva caliente.

# Cordero al limón

**Para 4 personas**

## Ingredientes

750 g de cordero cortado en trozos de 2,5 cm de largo

2 tomates, finamente picados

4 chiles verdes, finamente picados

1 cucharadita de pasta de jengibre

1 cucharadita de pasta de ajo

2 cucharaditas de garam masala

125 g de yogur

500ml/16oz de agua

Sal al gusto

1 cucharada de aceite vegetal refinado

10 chalotes

3 cucharadas de jugo de limón

**método**

- Mezcle el cordero con todos los ingredientes restantes excepto el aceite, la chalota y el jugo de limón. Cocina en una olla a fuego medio durante 45 minutos. Poner a un lado.

- Calienta el aceite en una olla. Freír la chalota a fuego lento durante 5 minutos.
- Mezclar con cordero al curry y espolvorear con jugo de limón. Servir caliente.

# Pasanda de cordero con almendras

*(Trozos de cordero con almendras en salsa de yogur)*

**Para 4 personas**

## Ingredientes

120ml/4oz de aceite vegetal refinado

4 cebollas grandes, finamente picadas

750 g de cordero deshuesado, cortado en trozos de 5 cm

3 tomates, finamente picados

1 cucharadita de pasta de jengibre

1 cucharadita de pasta de ajo

2 cucharaditas de comino molido

1 ½ cucharaditas de garam masala

Sal al gusto

200 g de yogur griego

750 ml/1¼ litro de agua

25 almendras, molidas gruesas

**método**

- Calienta el aceite en una olla. Agrega la cebolla y sofríe a fuego lento durante 6 minutos. Añade el cordero y sofríe durante 8-10 minutos. Agrega el resto de los ingredientes excepto el yogur, el agua y las almendras. Freír durante 5-6 minutos.

- Agrega el yogur, el agua y la mitad de las almendras. Cocine a fuego lento durante 40 minutos, revolviendo con frecuencia. Sirva espolvoreado con las almendras restantes.

# Salchicha De Cerdo Frita Con Chile

**Para 4 personas**

## Ingredientes

2 cucharadas de aceite

1 cebolla grande, cortada en rodajas

400 g de salchichas de cerdo

1 pimiento verde, cortado en juliana

1 papa, cocida y picada

½ cucharadita de pasta de jengibre

½ cucharadita de pasta de ajo

½ cucharadita de chile en polvo

¼ de cucharadita de cúrcuma

10 g de hojas de cilantro picadas

Sal al gusto

4 cucharadas de agua

**método**

- Calienta el aceite en una olla. Agrega la cebolla y sofríe por un minuto. Reduzca el fuego y agregue todos los ingredientes restantes excepto el agua. Freír a fuego lento durante 10-15 minutos hasta que las salchichas estén cocidas.
- Agrega agua y cocina a fuego lento durante 5 minutos. Servir caliente.

# Cordero Shah Jahan

*(Cordero cocinado en rica salsa Moghlai)*

**Para 4 personas**

## Ingredientes

5-6 cucharadas de ghee

4 cebollas grandes, en rodajas

675 g/1 ½ libra de cordero, picado

1 litro/1¾ pintas de agua

Sal al gusto

8-10 almendras molidas

## Para la mezcla de especias:

8 dientes de ajo

Raíz de jengibre de 2,5 cm de largo

2 cucharaditas de semillas de amapola

50 g de hojas de cilantro picadas

5 cm/2 pulgadas de canela

4 dientes

**método**

- Mezcle los ingredientes de la mezcla de especias hasta formar una pasta. Poner a un lado.
- Calienta el ghee en una olla. Freír la cebolla a fuego lento hasta que se dore.
- Agrega la pasta de mezcla de especias. Freír durante 5-6 minutos. Añade el cordero y sofríe durante 18-20 minutos. Agrega agua y sal. Guisar durante 30 minutos.
- Decora con almendras y sirve caliente.

# Pollo al curry sencillo

**Para 4 personas**

## Ingredientes

2 cucharadas de aceite vegetal refinado

2 cebollas grandes, cortadas en rodajas

½ cucharadita de cúrcuma

1 cucharadita de pasta de jengibre

1 cucharadita de pasta de ajo

6 chiles verdes, rebanados

750 g/1 libra 10 oz de pollo, cortado en 8 trozos

125 g de yogur

125 g/4½ oz de khoya*

Sal al gusto

50 g de hojas de cilantro finamente picadas

**método**

- Calienta el aceite en una olla. Agrega la cebolla. Freír hasta que se vuelvan transparentes.

- Agregue la cúrcuma, la pasta de jengibre, la pasta de ajo y los chiles verdes. Freír a fuego medio durante 2 minutos. Agrega el pollo y sofríe por 5 minutos.

- Agrega el yogur, el khoya y la sal. Mezclar bien. Cubra con una tapa y cocine a fuego lento durante 30 minutos, revolviendo ocasionalmente.

- Adorne con hojas de cilantro. Servir caliente.

# Pollo al curry agrio

**Para 4 personas**

## Ingredientes

1 kg de pollo, cortado en 8 trozos

Sal al gusto

½ cucharadita de cúrcuma

4 cucharadas de aceite vegetal refinado

3 cebollas, finamente picadas

8 hojas de curry

3 tomates, finamente picados

1 cucharadita de pasta de jengibre

1 cucharadita de pasta de ajo

1 cucharada de cilantro molido

1 cucharadita de garam masala

1 cucharada de pasta de tamarindo

½ cucharada de pimienta negra molida

250ml/8oz de agua

**método**

- Marina los trozos de pollo en sal y cúrcuma durante 30 minutos.

- Calienta el aceite en una olla. Agrega la cebolla y las hojas de curry. Freír a fuego lento hasta que la cebolla esté transparente.

- Agrega todos los ingredientes restantes y el pollo marinado. Mezclar bien, tapar y cocinar a fuego lento durante 40 minutos. Servir caliente.

# Pollo Seco Anjeer

*(Pollo Seco Con Higos)*

**Para 4 personas**

## Ingredientes

750 g/1 libra 10 oz de pollo, cortado en 12 trozos

4 cucharadas de ghee

2 cebollas grandes, finamente picadas

250ml/8oz de agua

Sal al gusto

## Para la marinada:

10 higos secos, remojados durante 1 hora

1 cucharadita de pasta de jengibre

1 cucharadita de pasta de ajo

200 g de yogur

1 ½ cucharaditas de garam masala

2 cucharadas de nata líquida

**método**

- Mezcle todos los ingredientes de la marinada. Marina el pollo en esta mezcla durante una hora.

- Calienta el ghee en una olla. Freír la cebolla a fuego medio hasta que se dore.

- Agrega el pollo marinado, el agua y la sal. Mezclar bien, tapar y cocinar a fuego lento durante 40 minutos. Servir caliente.

# yogur de pollo

**Para 4 personas**

## Ingredientes

30 g de hojas de menta, finamente picadas

30 g de hojas de cilantro picadas

2 cucharaditas de pasta de jengibre

2 cucharaditas de pasta de ajo

400 g de yogur

200 g de puré de tomate

Jugo de 1 limón

1 kg de pollo, cortado en 12 trozos

2 cucharadas de aceite vegetal refinado

4 cebollas grandes, finamente picadas

Sal al gusto

**método**

- Muele las hojas de menta y cilantro hasta obtener una pasta fina. Mezclar con pasta de jengibre, pasta de ajo, yogur, puré de tomate y jugo de limón. Marina el pollo en esta mezcla durante 3 horas.

- Calienta el aceite en una olla. Freír la cebolla a fuego medio hasta que se dore.

- Agrega el pollo marinado. Cubra con una tapa y cocine a fuego lento durante 40 minutos, revolviendo ocasionalmente. Servir caliente.